我們在玩蹺蹺板

——電視兒童節目實務與理論

李秀美 著

三民書局

國家圖書館出版品預行編目資料

我們在玩蹺蹺板：電視兒童節目實務與理論 / 李秀美
著.－－初版一刷.－－臺北市；三民，民90
　　面；　　公分
　參考書目：面
　ISBN　957-14-3471-X　　（平裝）

　　1.電視－節目

557.776　　　　　　　　　　　　　　　90008022

網路書店位址　　http://www.sanmin.com.tw

© 　我們在玩蹺蹺板
　　　　——電視兒童節目實務與理論

著作人　李秀美
發行人　劉振強
著作財　三民書局股份有限公司
產權人　臺北市復興北路三八六號
發行所　三民書局股份有限公司
　　　　地址／臺北市復興北路三八六號
　　　　電話／二五〇〇六六〇〇
　　　　郵撥／〇〇〇九九九八——五號
印刷所　三民書局股份有限公司
門市部　復北店／臺北市復興北路三八六號
　　　　重南店／臺北市重慶南路一段六十一號
初版一刷　中華民國九十年六月
　編　　號　S 89085
　基本定價　肆元捌角
行政院新聞局登記證局版臺業字第〇二〇〇號

讓孩子的天空更藍

朱則剛

臺灣師範大學圖文傳播學系教授

　　傳播人常說的一句話就是「電視是一個從搖籃到墳墓都在我們身邊的強勢媒介」，它從我們出生至死亡，都在我們生活中扮演了重要資訊來源以及主要休閒媒介的多重角色。兒童還在認知的發展階段，對於電視上所呈現的資訊，可說毫無判斷能力，因此國內外許多人士均關心於兒童電視觀看的問題，強調不僅應該為孩童選擇適當的節目，幫助孩童培養良好的電視觀看習慣，更主張應該在我們的國民教育課程中，增加有關電視識讀（或稱電視素養）教育的課程單元，並且強調家長們也應該關心兒童與電視的議題。

　　這本書就是基於對兒童電視觀看以及兒童電視節目的關懷，而將相關的論述文章集合成冊。國內有關兒童電視的出版品不多，少數的幾本又多為純學術性的著作，像此本兼顧實務界人士以及家長為閱讀對象的兒童電視著作，可說是國內少有，而特別顯得彌足珍貴。

　　本書的內容分為三個部分，「研究篇」中，由李秀美小姐討論有關兒童電視理解研究以及兒童電視素養研究的兩篇論文；在「應用篇」與「節目篇」中，收錄李小姐近年來所撰述的一些與兒童電視相關的文章，此外在「應用篇」另收錄了多篇包括兒童心理醫師、幼教專家、電視從業人員、大學教授、兒童繪本工作者等人士所參與有關兒童電視的討論紀錄。本書內容涵蓋面非常廣，兼具學理性及應用性，除了主要作者李秀美小姐的文章之外，並包括許多關心兒童電視人士，從不同的角度來論述兒童電視相關的議題，更使本書的內容有畫龍點睛之價值。

　　李秀美小姐從在校求學階段便關心兒童電視相關的議題，我與秀美的結

緣，也始於她擔任個人與政大廣電系吳翠珍教授，在多年前共同主持的一個有關兒童電視識讀能力國科會研究案的研究助理。秀美從政大新聞研究所畢業後，便一直從事與兒童電視相關的工作，包括節目企畫、腳本撰寫、研究以及文章撰寫的工作。她並自己設立了一個有關兒童電視的網站，推廣相關理念與介紹兒童節目。個人一直感動於秀美對兒童電視的執著，欣聞此書的出版，除了很高興有機會提筆作序，更期待各界關懷兒童的人士能珍惜此書。

一帖讓兒童節目好看又有營養的順口良藥

吳翠珍

政治大學廣播電視學系副教授

今年才五十幾歲的電視，自其誕生至今，經過極短的發展時間，就從少數人手中才能擁有的稀世珍品，很快地普及到戶戶有機，成為二十世紀影響人類生活樣態最重要的發明之一。結合新的傳播科技，電視機仍將持續在我們的二十一世紀呼風喚雨，尼爾森媒體調查公司資料顯示，臺灣地區擁有兩部以上電視的家庭高達六成之多。一般而言，電視的教育功能與娛樂、告知功能相提並論，然而在商業掛帥的電視制度下，電視的教育功能不僅發揮有限，甚至於面對娛樂與大眾文化商品化的大軍壓境，電視如何能有教育功能，不免令人生疑。

電視的正面功能缺乏關注，這種對電視教育功能不在意、不重視的現象或可從另一些統計數據窺知一二。臺灣地區國小兒童平均一年大約看1000小時的電視，其中絕少是花在看所謂的社教或教育文化節目。研究資料顯示，兒童不看教育性節目的主要原因是節目不吸引人。兒童節目為什麼抓不住孩子心？他們的目光為何不駐留？

首先，我們的兒童節目，一再呈現大人作之君、作之師的權威心態，節目大多強調「狹義」的教育目標。如節目教兒童要有分享的美德，而不是教兒童如何面對人人會有的自私。再者，節目無「個性」，電視等於教室，主持人即教師，節目如同一部自動翻頁電子書，當然抓不到兒童駐留的眼光，如何奢談遠大的節目理想——啟迪心靈、開拓視野？

我們一再用少少的經費、少少的人手、短短的時間、小覷的眼光來看待兒童節目，製作出來的產品當然是小鼻子、小眼睛、小腦袋的兒童節目，兒

童當然會掉頭就走,粗糙的製作技術是趕走兒童觀眾的最佳利器。

在節目製作者的心目中,所有年齡層的兒童都有一張共同的臉、有差不多的品味、沒有城鄉差別,都肯靜坐聽話、生活型態不外乎是「爸爸早、媽媽好」,節目投不進兒童的氣味。兒童節目不講求學習效益與節目效果,那麼又如何能稱之為「教育節目」?另外,精心製作的兒童節目如果只停留在播映,那就野心太小。透過推廣設計,兒童節目的影響可以超越個體而深入社會。

最後,在我們社會裡優秀的兒童節目製播人員往往是隱名埋姓、乏人問津,社會如何能重視兒童節目工作人員的專業,整個社會對兒童節目的關注太少、鼓勵太少、獎勵太少。

真心的高興,這本書結合許多人的智慧與經驗,試著萃取「西學」的知識精華,以自己的體質為本,調理出一帖順口的兒童媒體製作的良藥,每一味的藥材都感受得到每個作者用自己的體認展現對兒童的尊重與關顧,本書中知識是可以實際應用的,經驗是可以再生的,兒童節目的設計與製作可以透過大人放下身段,傾聽、細看兒童是誰,而變得好看且可看,大人應該努力承認對兒童的瞭解不足,虛心看待兒童的心與情,尊重他們是人,再以兒童的觀點來瞭解他們;承認兒童的主體性,再來論及我們對他們的期望。如果製播兒童節目能夠多一些童心,那麼兒童節目的好看與教育功能大概不中亦不遠!

滿心歡喜地推介這本書給作節目給兒童的人、陪兒童一起看節目的大人,以及所有心手與兒童相連的人。

秀美的忘憂石

林曉蓓

公共電視幼兒節目「水果冰淇淋」製作人

秀美是一個喜歡自己去旅行的人。有一次，他從歐洲帶回來一塊忘憂石送給我，石頭很光滑，中心有一個凹洞，當我憂愁煩惱的時候，我就握著秀美送我的忘憂石，讓拇指在凹洞上畫圈圈。

讀完這本初稿，我的感覺像收到另一個忘憂石，讓我在兒童節目製作的巨大壓力下，舒緩心跳和步伐。

像秀美或是我們這些做兒童節目的，總是給人家「幼稚」、「小兒科」的感覺，孩子嘛！用哄的、用騙的，一切不必當真。但是，真的是這樣嗎？你覺得當孩子看了這麼多新聞、電視劇之後，一個隨隨便便的兒童節目，就可以騙他嗎？

你知道的，現在的孩子和電視相處的時間比父母親還多，依據某些說法，電視是孩子的「第二父母」。孩子在電視裏學會了政治、愛情和所謂的「人生真相」。電視影響了許多孩子的心靈，而現在這些坐在電視機前目不轉睛的孩子，勢必要成為未來的主人翁，主宰下一個世紀。

身為一個母親和兒童節目工作者，我逐漸明瞭，製作一個兒童節目，和跟自己孩子說一個床邊故事，有點像，但又有很大的不同。當你說故事給孩子聽時，孩子可以從你說話的速度、你的眼睛，看出來你今天的心情；同樣的，坐在電視機前的小朋友，也能從你的鏡頭、你的表演及音樂，感受到你真正的靈魂（他很清楚你要賣什麼給他）。

不一樣的是，從事兒童節目近十四年，才逐漸瞭解，兒童節目是一個精細的工業，是一個集合才情、教育知識、資金、行銷、公共關係的大工程。

你也許不能瞭解，身為一個兒童節目製作人，必須每日身陷在很多看得見和看不見的巨網中。

很欣喜這本書的出版，整理了兒童節目的眾多面向，希望能經由此書結識更多的好朋友，希望秀美的忘憂石，能帶著很多兒童節目的好夥伴，繼續向前。

我們在玩蹺蹺板

李秀美

　　一直很喜歡單純而豐富的工作，能讓人盡情地投入，兒童節目正是具有這種「單純而豐富」的特質。因此，從唸研究所起，我即選擇電視兒童節目為研究領域。從協助教授進行國內兒童電視識讀能力調查、兒童節目內容和形式分析，到獨立接受公視委託，配合兒童節目製作群，完成節目前置研究，我一直相信研究是節目製作不可或缺的環節。

　　然而，面對低成本、急速趕製的現實製作生態，做為一個研究人員，我竟然發覺自己是目前國內兒童節目工作團隊中，最無用的人。於是，我轉換研究角色，投入實務行列。我瞭解到，一份通過節目徵選的企畫書，遠比研究計畫有爭取經費的價值，一本劇本，遠比研究報告有直接拍攝的依據。

　　接觸電視兒童節目將近十年了，我像一座無法靜止的鐘擺，有時擺向研究那端，有時盪到實務這端，失去停下來的平衡點。

　　長期以來，關心兒童節目者彷彿將理念當作仙女棒，滿心期待仙女棒一點，兒童節目這位蹲在牆角邊數豆子的灰姑娘，立刻能搖身一變為王子舞會上最受人注目的美女。仙女棒一點再點，卻仍然無法施展魔法，看著一盆永遠數不完的豆子，於是關心變成擔心，看著灰姑娘認命地相信數完豆子就能參加舞會，於是擔心又成為灰心。

　　長期以來，學術界與實務界間存在一堵高牆，走在平行的兩條道路，雖然通往的目的地一樣，卻只能從牆縫中窺知對方的存在，猜測對方走的路是否比自己的路平坦。

　　電視節目製作是一項精細的工作，一句句對白的流暢，一幅幅畫面的連

貫，需要多人參與的團隊共同合作才能竟其功。在現實中，兒童節目宛如灰姑娘的角色，但我們無法期待仙女棒下的夢幻虛境，而需要一條理念的繩子把團隊中的人繫在一起；我們需要讓高牆倒下，讓學術與實務互伴而行；我們需要信心的支持與一套裁縫工具，自己來縫製身上的漂亮衣服；我們需要大家聚在一起努力。

87年4月，我邀集一群國內兒童節目工作者，成立了「孩樂嬰讀影會」。希望對電視兒童節目有共同興趣與理念之人，能同聚一堂，欣賞國內外各類型知名兒童節目的製作特色和長處，並就國內兒童節目製作環境交流意見和經驗，實際尋求提昇節目品質的可能性，且能在互相支持與砥礪的氛圍下，願意更進一步地將此可能性落實於各環節的製作工作中。同時，凝聚力量，齊心爭取更好的製作環境。

我們也邀請了兒童各領域的學者專家，參與節目討論會。討論會是小團體形式，所以我們可以面對面盤腿而坐，較充裕地交換學術研究和實務製作經驗。每次的聚會我們就像在玩蹺蹺板，有時研究這端在上，有時實務這端在上，一來一往十分有趣。

兼顧實務與理論，對電視兒童節目深入介紹、剖析，在國內是一項新起步的行動，知道者畢竟少數。而我相信，這個社會願意關心和重視兒童節目者，應該是多數的，所以結集了近五年來我所發表，和節目製作直接相關的研究論文、評介文章，以及讀影會的討論紀錄，公諸於眾。期盼未來能有更多對兒童工作有興趣的人，來參與影像創作這個好玩的遊戲。

因三民書局的支持，本書有幸得以出版。衷心感謝朱則剛教授、吳翠珍教授幾位亦師亦友的師長、讀影會會員、一起討論節目的各位學者專家，以及一直相信我、鼓勵我與協助我的朋友們。對我而言，家是最重要的，家人也永遠是我努力的後盾。

瑞士心理學家皮亞傑，是讓兒童研究成為世所矚目焦點的最重要人物。皮亞傑曾告訴一位記者說：「童年期是一個人最精彩、最具創造力的時期。」

如果從事兒童節目製作者，能以精彩而有創造力的成人期，來發揮下一代的潛質，如果大家在共同合作中感受到樂趣，那就對了。

　　讓我們一起來玩蹺蹺板，遊戲於兒童節目單純而豐富的世界。

我們在玩蹺蹺板

—— 電視兒童節目實務與理論

目　次

應用篇

節目篇

應用篇

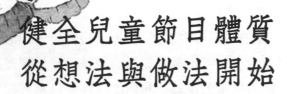

健全兒童節目體質
從想法與做法開始

皮亞傑小故事

先來講一個故事。

瑞士心理學家皮亞傑(J. Piaget, 1896–1980)是讓兒童研究成為世所矚目焦點的最重要人物。皮亞傑曾進行一項有趣的實驗：他讓孩子們在地上爬，然後描述他們是怎麼爬的。結果，最年幼的小孩解釋說，他們兩臂先向前伸，然後兩腳向前，再來繼續兩臂向前地爬。稍長進入第二階段時期的小孩解釋說，他們首先是左臂和左腳向前，然後是右臂和右腳向前地爬。處於成熟的第三階段兒童描述說，他們是先伸出左臂和右腳，然後是右臂和左腳地爬行。

在一次研討會中，皮亞傑一位負責執行這項實驗的同僚突發奇想，她邀請與會的各國知名學者也來做做這項實驗，找個地方自己爬爬看，然後回到會議室內描述自己的動作。實驗結果，只有物理學家和心理學家正確地描述爬行動作──他們位於第三階段；數學家與邏輯學家以為他們是左手左腳、右手右腳地爬──他們位於第二階段。當然，沒有學者描述他們是兩手向前，再兩腳向前地爬。

皮亞傑得知結果也不禁莞爾，他調侃地說，心理學家和物理學家習慣超越自己的觀點去觀察事實，數學家和邏輯學家喜歡將事實套在自己最單純的模式裡。

超越自己觀點

你呢？剛才你以為自己是怎麼爬的呢？

「爬」是每個人能夠自由探索世界的起端，然而，當成人一下子被問到：「你是怎麼爬的?」即使實際再重溫過，「爬」已經是一個必須想像才能理解的動作。做為一名兒童工作者，最需具備的特質，就是習慣超越自己的觀點去觀察事實，因為關於兒童的作為，我們離開那個自然表現的階段已久。

製作兒童節目亦是如此，無論是新手或者資深從業人員，我們都須從檢視自己的想法與做法，是否符合兒童需求的事實開始，才能讓實際完成的節目有個健全的體質。

健全的想法

㈠兒童節目不等於童年節目

兒童節目應以當代兒童心理需求和發展特質為本，不侷限於製作人員童年經驗的呈現。每個成人都有過童年，這並非意味著每個成人不需再經過學習，都具有製作兒童節目的能力；或者將成人的童年往事當作素材，就能提供源源不斷的節目主題。

另一方面，兒童期是人類成長的階段，而所謂的成長包括了生理和心理的變化。因此，即使成人深具童心，也不等於是個兒童。然而，深具童心的成人，如果能夠進一步超越自己的經驗，透過觀察兒童所得的事實，進入當代兒童的世界，那麼他所參與完成的節目，就叫做兒童節目。

㈡幼兒節目不等於幼稚節目

幼兒有他的能力，他可以正常的說話，正常的欣賞美的事物，因此刻意地模仿嬰兒期牙牙學語式的語言，或手肌肉發展尚未成熟時的兒童畫，是貶低兒童的幼稚手法。我曾看過一個幼兒節目，裡頭的大姊姊拿著水壺對著鏡頭：「小朋友，到野外郊遊要記得帶水水，多喝水，才會變漂漂哦!」說完，還拍拍自己的臉頰。整體上，幼兒看到的是一個做作、不成熟的大人。

　　一般研究認為，四歲以後，兒童已發展出分辨真實與虛幻的能力。當我們觀察幼兒遊戲時，發現他們還是樂於沉浸於幻想世界的新奇與樂趣，然後重回現實世界，完成一段想像遊戲。成人如果一味營造虛幻，否認孩子所能認知的真實，即是幼稚。真正貼近孩子，是和他們一起在生活中進行想像的遊戲。

(三)教育節目不等於教條節目

　　教育和娛樂並不對立，尤其電視的形式設計本身就是一種娛樂性的運用，更是寓教於樂的最佳媒介。墨守成規和是非評量的教育會淪為教條，我們可以讓自己有新的教育觀念和觀察，反映在節目內容設計中，教育就是正向而活絡的，節目就是生動而趣味的。

　　兒童節目是否應該有教育性，受到部分製作人員的質疑，這表示我們對過去教育方式與節目有所反省，其實正是改變的契機。如果我們在質疑時，能更充實自己去化解這種質疑，兒童節目會因此而有新的面貌。

(四)嚴謹的節目不等於嚴肅的節目

　　德國人一向以嚴謹聞名，在科學發展的成就外，德國一樣培育了許多哲學家和詩人，而充滿仙子與城堡的童話故事起源地，也是德國。可見嚴謹不等於嚴肅、缺乏想像力。

　　所謂嚴謹是一種追根究柢，尋找真正原因的態度。美國著名的兒童節目「芝麻街」(Sesame Street)，設計每個單元，都基於它有套嚴謹的研發過程，迄今未有人批評「芝麻街」過於嚴肅。這並不意謂兒童節目只有「芝麻街」的模式，或和「芝麻街」一樣含有教導字母和數字的內容。所有的兒童節目都是教育性的，教的內容可以有無限發揮空間，兒童真正的需求是：像芝麻街一樣製作嚴謹的節目。

健全的做法

(一)創意需要實際的條件來完成

　　創意需要實際行動力來完成，做一個好節目不能依賴仙女棒，對它說一

句:「我希望節目……」瞬間就一切如人所願。丟掉仙女棒的綺想,因為仙女棒下的虛幻,會因現實的鐘聲而散滅。

　　一個好的兒童節目需要金錢的支撐、時間的琢磨、心力的投入和默契的搭配。做好兒童節目的方法就是踏實給予條件,並長期經營與涉入。缺乏前者,巧婦難為無米之炊;缺乏後者,沒有嘗試及累積經驗的機會;必須拿出資金的同時,給予摸索期,才能培養出專業人才。

㈡良好的企畫過程奠定節目基礎

　　製作人員配置的合作模式,應內容與形式平行互助,企畫、編劇人員負擔的角色與拍攝及後製人員同等重要。多花時間在前置的蒐集資料、研究、溝通和討論,完成足供製作依循的企畫案,能節省製作中修改所需的大量時間和金錢消耗,避免花費大量人力、金錢後,完成的節目反而對兒童無益。

㈢每個環節的工作人員都是兒童專家

　　並非只有編劇需要瞭解兒童而已,導演、攝影師、執行製作,甚至剪接師、動畫師等工作人員,也須自我追求,充實對兒童的瞭解,並實際與兒童接觸,才能對自己參與的節目適合兒童與否,做出正確判斷。

㈣對知識過程追根究柢

　　有科學天才之稱的諾貝爾物理獎得主費曼(Richard P. Feynman),小時曾發生一件影響他研究態度的故事。費曼曾穿溜冰鞋在冰上滑倒受傷住院,他的阿姨來探望他時,問他為什麼會滑倒? 他說:「因為水很滑。」阿姨告訴他水很滑是結果,不是原因,她想知道為什麼水很滑讓小費曼滑倒了? 費曼追根究柢去思考,發現在他溜冰時,溜冰鞋與冰面間會有阻力和摩擦力,這兩種力產生熱能融化了冰,所以他滑過的冰面就形成水,使得他滑倒。

　　當觀察現象時,能抽絲剝繭,探究現象後面發生的原因,這才是我們必須傳達給兒童的真知識。上述例子反過來思考,「水遇冷後會變成冰」所涉及的概念也不是只有「水」和「冰」而已,而是為什麼水遇冷後會變成冰的過程。忽略過程,兒童學到的只是二個名詞,記住的只是一句話。

(五)利用電視特性創造驚奇

在野外實地看到一朵花，和電視上看到一朵花的畫面會有何不同？這中間的差異，就是我們要努力探索，透過電視畫面如何呈現的關鍵。

從電視中看到的影像，對兒童是一種預習(preview)，有朝一日，他在生活中看到實物時會因熟悉而特別興奮。然而，沒有經過畫面設計的節目，只是停留在錄影層次。電視能發揮的學習誘因，在於它能秀出熟悉的生活事物中，令人觀察不到的驚奇面貌，例如隨風飄散的花粉之舞。又如兒童在野外經常看到蝴蝶，卻無法近距離看清楚蝴蝶如何吸花蜜，一旦電視上呈現出蝴蝶吸花蜜的特寫，同樣能在平凡中創造驚奇。

(六)有合作共識下分工

兒童節目要叫好又叫座，需要三個層次的配合：

1.製作層次：研究人員、製作人員。

2.傳播層次：媒體宣傳。

3.接收層次：親子共視。

在製作層次，我們需要研究來擴展節目評估的一般性，而非依賴身邊一、二個兒童的收視反應做評斷。製作人員和研究人員相互分工而合作，信任研究人員提出的製作建議，相對的研究者必須提出供實務界應用的研究結果，而非要求實務界在工作之餘，去看充滿學術名詞的報告。

例如一份幼兒行為與發展臨床報告指出，幼兒腦部中的思考區域至少需要五到十秒來處理刺激，但是大部分的電視節目每五、六秒，廣告甚至二、三秒就變換畫面，讓思考區域毫無操作機會。當節目製作人員能重視此項研究結果，考慮延長兒童節目畫面變換時間，節目提供的訊息即有機會協助兒童思考。

豐富而多彩多姿的世界

兒童的世界是單純而豐富的。豐富與複雜不同，所謂豐富是多彩多姿間有關聯和脈絡可循，而複雜是無脈絡可循的一盤大雜燴。兒童節目傳達的概

念，必須是成人對於問題的看法，經過深化→消化→簡化後，所得的單純、易懂的意涵，如此節目內容方能豐富而不複雜。

接觸兒童節目這樣豐富的世界，一個喜愛兒童的人，他的世界也會跟著多彩多姿起來。

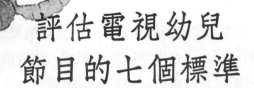

評估電視幼兒節目的七個標準

找到有效的方法

企畫節目是一項藝術。我們不斷累積經驗和研究,得知該做什麼和不該做什麼節目,然後當作是節目企畫守則。這些守則並非是所有情境中必然遵行的鐵律,但是它可以提醒我們不斷去思考一些問題:節目中有什麼特別的元素會影響觀眾的收視意願和收視效果?

企畫教育性電視兒童節目的製作人,尤其是想為幼兒策畫節目者,特別需要找到一些有效的方法,以確保製作的節目適合他們的特定對象。由美國兒童電視工作坊(Children Television Workshop,簡稱CTW, 1968年創立)製作的著名幼兒節目「芝麻街」,即是一個自我要求每一單元都須經過製作人員和研究人員謹慎評估的節目。「芝麻街」製作群發展出一套評估節目的準則,這套準則是設計來審查節目中兩個潛在的問題:

1. 當電視兒童節目主要是當作一種教育的傳播手段時,節目內容是否可能設計失敗?
2. 節目內容是否可能產生未預期的負面效果?

「芝麻街」的製作群都是敏銳而經驗豐富的兒童觀察家,這個節目已經播出近三十年,數以千計的兒童當他們觀賞「芝麻街」的時候,都被觀察和測試過。此外,許多的研究被委託去探測兒童如何注意電視和學習。本文介

紹CTW在評估幼兒節目效果時所採行的七個主要判斷標準，讓我們一起來思考國內幼兒節目製作上一些常見的相關問題。

評估標準一：概念困難的程度

對成人而言,避免誤判學齡前兒童對任何一主題的概念能力是很困難的,我們必須不斷的提醒自己, 適合與學齡兒童和成人觀眾溝通的字彙、觀念、影像, 對年幼兒童可能是無意義的。幼兒對於複雜的、高抽象和廣泛的概念不能領悟, 例如: 感覺、思想、心靈等;他們也不瞭解某些成人理所當然能懂的計量字詞, 例如: 公斤、公分; 在認知過程中, 時常地, 幼兒會主動放棄去處理抽象和費解的訊息。

當節目中嘗試出現幼兒普通經驗以外的新概念時, 編劇能否選擇這個概念中最明確的意涵,試著進一步的簡化它,以簡單、熟悉的詞語來解釋這個意涵,並轉化為具體的行為, 就決定了節目內容的好壞。舉例來說,如果我們要教導「合作」的概念,可以將其意涵定義為:「兩人一起做一件事」,設計節目中角色互相配合在遊戲中過關,會比口頭上告知幼兒要「合作」來得容易理解。在將概念以具體動作呈現時,語言的確定仍不可或缺,例如,節目中設計傳達「難過」的情節,由角色明白地說出:「我很難過」,會比其沉默不語, 期待幼兒從動作和表情中去推論難過的心情要好。

另外,在不同片段中利用不同方式,來重複一個概念的簡單訊息好幾次,將好過於在一段特定的內容中,快速地呈現數個相關訊息。

評估標準二：符號呈現的正確性

幼兒在成長過程中,必須學習的符號很多,他們正學著辨識和指明這些符號,並知道符號所具有的特定意義（它代表某些東西）。一個符號的介紹有太多種變化可能會使幼兒混淆,例如,「芝麻街」原設計一段學習字母 "b" 的節目,畫面上先展示字母 "b", 同時出現「這是字母b」的聲音說明,然後餅乾怪獸進入現場,開始咬 "b" 突出來的部分,在 "b" 看起來像個 "o" 的時候,

再一次出現「這是字母b」的聲音說明，測試結果，有部分兒童學到了錯誤訊息，以為 "o" 也代表字母 "b"，當然，這個片段就得重新設計。

　　字母或數字的定位也是其意義的一部分，一字母或數字任意向上、向旁或向後翻轉，也可能和另一相似符號混淆不清，例如：M－W、b－d、p－d、9－6。因此，幼兒節目製作者必須非常小心，避免扭曲、變形及轉換符號，讓符號在空間上維持相同的定位，從頭到尾每一次出現時都保持其特有的形式是很重要的。

　　符號呈現須注意的第三個問題是，正確傳達符號所代表的概念。以數字概念為例，幼兒正要學習將物體數目和特定數字連結，如阿拉伯數字 "3"，意味著三樣東西或事件。因此，拍攝時必須特別花心血，以確保畫面在某時刻所出現的物體數目和數字是一致的。例如，如果用六隻鞋子來教數字 "6"，那麼六隻鞋子全部都應和螢幕上的數字同時出現，如果攝影機在某時刻聚焦在一隻鞋上，幼兒可能誤以為 "6" 也代表一隻鞋子。這個原理稱為「數目／數字的一致性」——物體的數量永遠和螢幕上出現的數字相符。

評估標準三：負面示範的缺失

　　幼兒學習的方法之一是模仿他人，所以他們也常模仿電視上的人。不幸地，他們對於好的行為和壞的行為都模仿，基於這個理由，幼兒節目製作者應避免塑造電視上的負面行為，而致力於創造堅定的、有吸引力的正面行為。舉例來說，如果讓孩子看到節目中的角色不小心闖入馬路中間，即使我們顯示行為結果，並清楚標示這種行為是不應該做的，孩子可能只處理片段的視覺部分，並且，可能沒有注意「不可以」的警告。進行安全教育時，最適合學齡前兒童的方法是，直接示範適當的交通安全措施，而非迂迴地警告不遵守交通規則的後果。

　　另一個讓孩子看負面行為的危險是，此種描述將給孩子先前沒有想過的想法（例如玩火柴），即使解釋或描述模仿行為的後果，孩子們還是會模仿這些行為。太小的孩子並無法瞭解因果關係，他們無法連結負面行為和行為結

果之間的關係。

此外，避免讓一個有吸引力的布偶進入畫面，提供不正確的答案，雖然這個答案可能只是一個笑話，而且立即被另一個角色糾正這個錯誤，我們已製造了混亂的訊息。因此，最好把焦點放在「做什麼」這個直接訊息上，並且描述正面行為。

評估標準四：恐懼和衝突的處理

幼兒節目製作群特別小心處理恐懼的議題，並注意節目本身是否會引起幼兒害怕，因為兒童的恐懼常是古怪而不可預知的。此處有兩點要特別注意：

第一，製作者要精心設計，告訴兒童克服夢魘、妖怪等恐懼的方法。當進行克服恐懼的主題時，製作者應將重點放在解決方法上，而儘量不提及引起恐懼的情況，而用悚人的音樂和畫面等特效表現恐懼也很容易過火。「芝麻街」中，有一個設計是讓一個布偶在床上說他懼怕黑暗，最後決定那一點也不可怕，兒童不需要看到怕人的畫面，就可瞭解這個角色怕黑。

第二，節目中要先告知本集教導有關恐懼之事才呈現人物、特效或一個故事，可預防引起幼兒的恐懼。製作者和研究者可先看過節目的每一部分，確定畫面中沒有令幼兒害怕的東西，如人或動物的解體、造型恐怖的怪物、巫婆等。角色在螢幕上的反應也很重要，如情節中的角色害怕某事或人而無法獲得解決，兒童在家觀看後也會有相同的反應。

再者，製作群還要確保節目沒有傷害他人或威脅他人的描述。衝突和憤怒的情緒描述常被戲劇化的表現而非理性分析，因此，就像恐懼的情形一樣，衝突常成功的吸引觀眾注意。編劇知道這點，並且容易藉著衝突或恐懼的過程爭取注意，卻僅在短時間內交代後果。以這種手法描述衝突會使兒童否定人與人之間的情感，描述生動、刺激的恐懼則會令兒童膽怯。編劇和研究者須尋求方法解決衝突並克服恐懼，而不是將重點放在兩者的情境上。

評估標準五：幻像與真實的區隔

　　在電視上必須小心地描述恐懼、生氣和暴力的重要原因之一是，幼兒對於什麼是真實、什麼是幻像（影像、夢或想像）的區辨非常不清楚。電視角色對幼兒而言可能和他們的鄰居一樣，一舉一動都是真實的。因此，電視製作人必須體認到，當幼兒因節目中喜愛人物「死亡」，或被一個巨大的、具威脅性的卡通人物嚇到，而受到困擾時，告訴他「這不是真正發生的事」是沒有幫助的。

　　幼兒易受幻像和真實困擾的特質也提醒製作人，必須在可利用的製作策略中，小心地選擇最適當的呈現方式。舉例而言，當節目的目的是教一些科學或與自然環境相關的內容，則真實的影片呈現比較好，例如，描寫慢慢的、逐步長大的樹，那麼一部快速的卡通影片不是最好的方法，因為兒童可能不知道，在影片中哪些元素是真實的，哪些不是生活中真實的。

　　電視特別的聲音和影像效果「魔法」，如分割畫面、柔焦和溶入的技巧可輔助視覺提示，來幫助幼兒分辨夢幻和想像。例如，一個被禁足在家的小孩，想像他參加一場狂歡會，此時即可運用視訊切換來分隔小孩在家的真實情境，和狂歡會中充滿幻想人物的想像情境。

評估標準六：刻板印象的僵化

　　幼兒節目中不僅須避免角色刻板印象的呈現，同時也可努力為這些角色的行為和態度的描寫做活潑的設計。以下的例子是「芝麻街」試著避免的傳統角色刻板印象，及其破除既定形象的呈現方式。

（一）身體缺陷

　　避免將有缺陷的人描述成悲傷、不風趣和無助的刻板印象，試著將有缺陷的大人和小孩描寫成有趣的人。他們和「芝麻街」的其他人物一樣有趣，例如，兒童瞭解節目中的一位聾演員「是美好的」、「是一個好老師」、「是能夠將手語表現得很生動的」。避免過分強調殘障者，這需要編劇極高的敏感度；

避免對人貼標籤,我們不能說「這是一個殘障的小男孩」或「這是個智能不足的女孩」。我們須將殘障者納入常人體系內,讓他們自然地與大家一起活動,例如,智障兒童也能參與欣賞天空雲彩的變化。

㈡性別角色

　　避免總是將女孩及女人描寫成感性的、被動的、恐懼的(例如怕蛇),又總是將男孩與男人描寫成冷漠的、主動的、衝動的(例如爭領導地位)。試著將男、女性描寫成一樣善於表達感情、一樣主動、一樣有趣,例如節目中男布偶也很愛他的玩具娃娃;男性成人和女性成人彼此明顯地關愛對方;動畫中的男孩喜歡偵探工作,而女孩也一樣喜好探索環境。試著將男、女性的職業共通化,例如,節目中爸爸在照顧兒子,而媽媽在開演奏會;有男的建築工人,也有女性勝任建築工作。在「芝麻街」,照顧孩子的工作是不分性別的,只要有空就可去托兒所照顧孩子,男女皆可。

㈢年齡描寫

　　避免將老年人做沮喪的、無助的、好爭吵的,或者不主動的呈現,試著將他們描寫成和其他年齡層一樣,例如,老奶奶可以呈現出富活力、友善、積極及獨立的一面。避免將小孩描寫成總是在創意上、樂趣上、活動上處處依賴大人,試著將大人和小孩描寫成同樣的快樂並富創意,例如,二歲的小孩在節目中表現出獨立完成事情,並和其他角色共同遊戲的情形;小孩們也常在節目中回答問題、解決問題、教其他角色他會的事,並參與各項遊戲與活動。

㈣文化呈現

　　避免讓節目中不同種族的人,有文化方面的刻板呈現,例如說西班牙語的人總是在彈吉他,或黑種女人總是跋扈霸道。試著將各種角色由各不同人種扮演,儘管他們有著不同的膚色、語言及風俗習慣,例如,「芝麻街」節目中包括了黑人、西班牙人、猶太人、印地安人(更別提那些各色布偶了),他們分別扮演了不同的角色、職業、性格,以減少刻板印象的形成。

評估標準七：語意與影像的協調

　　為幼兒設計節目時，影像與語意的協調可以吸引小觀眾們的注意，並幫助他們瞭解內容，影像與語意要互相完美搭配，最重要的前提是，兩者要傳達有清楚概念的訊息。

㈠語意概念要簡單

　　一個一直被忽略，卻在研究中不斷被強調的觀念，就是：簡單、結構清楚、單一概念的單元，最容易被學齡前兒童瞭解。掌握這種特質的單元，對於維持孩子的注意力也非常有效，電視廣告就是這個原則最好的例子。情節愈簡單，愈容易被瞭解，當語意的描述與影像直接相關時，就更容易被瞭解了。相反的，各自雜亂的影像與語意，常干擾彼此的意涵，而使觀念不清楚。

㈡避免無關的畫面

　　影像的要素，必須與所要傳遞的教育訊息及情節相關，避免讓無關的視覺成分，搶去兒童的注意力。舉例而言，如果有一個單元設計要教「我」這個字，一個好的設計比例，應該將「我」這個字讓觀眾看清楚，而不要有其他分散注意力的元素。如果一個吸引人的布偶在這時候進來，在這個字前面跳舞、走來走去，小孩可能就較不會注意這個字。研究經驗還發現，拍攝角度、特寫、鏡頭推拉，都能把孩子的注意力集中在影像表現的重點上。

㈢語言清楚並可重複

　　語言的使用方面則是為了達到清晰和吸引觀眾的目的，多餘的語言只會使表達更雜亂，分散孩子對教育訊息的注意力。兒童與成人使用語言的方式相反，附加的解釋可用來增強成人的瞭解，但廣泛的對話卻干擾了孩子的注意力和理解力。幼兒不知道如何為重點做選擇性的聆聽，而且對長篇大論也沒耐心，所以必須突顯重點。與其以連續的對話貫穿整個單元，不如試著清楚簡單的重複重點及問題的所在，例如，角色甲在解釋一個問題的時候，角色乙進場，甲對乙重複問題，這樣可以對觀眾加強說明這個訊息。以下這些技術上的例子也會導致語意的雜亂，製作幼兒節目時應多加考量：說話太多、

光說而沒有動作、兩個大人之間談一些小孩子不感興趣的事、兩個以上角色同時在說話、說話含糊不清。

㈣用語言提示畫面

　　簡單、清楚是避免語意與影像雜亂的標語，影像與語意如加以適當的使用，可以彼此提高效率，增加節目的吸引力與理解力。舉例而言，使用聲軌（例如角色甲大叫「小心」），可以提示觀眾注意相關的畫面狀況（角色乙正面臨一個危險的狀況）。相反的，一個影像技巧（閃爍的數字 "3"），也可以增加孩子對語意訊息的注意與理解（這是數字 "3"）。

製作節目無公式

　　本文所介紹的七個評斷原則並非是製作節目的公式，當然也沒有任何的節目可以無誤地完全符合所有標準。然而，不管是討論劇本、影片剪輯、拍攝、節目帶成品，都值得用其中幾項原則來評斷它的價值，只要確實達成其中一、二項準則，就是一個很棒的兒童節目。為了讓這份評估表有用，一個敏銳的觀察者，必須考慮節目的目標、單元牽涉的特性及觀眾的特質與需求，然後選擇上述標準中的部分項目，內化為自我追求的標的。

　　一個好的電視兒童節目，訊息要簡單，理念要清楚，如此才能借助大眾傳播媒體普及的優點，以及「淺化」、「影音合一」的特點，有效地將成人體會出的生活智慧傳遞給下一代。

從前置研究到編劇

分擔編劇責任

通常我們對前置研究的定義是：編劇過程之前，透過研究調查方式，就節目主題內容和它的對象進行資料蒐集、整理、分析以及規畫。蒐集資料的目的是要瞭解節目的對象，以及評估規畫中的內容是否符合節目對象的需求。

缺乏前置研究的編劇過程，就是目前國內編劇所要負擔的角色現況，也就是說編劇得到的唯一資源，就是一份只有主題和大綱的企畫案，其餘工夫得自己去蒐集、消化資料，承擔對象的設想、決定內容主題等責任。前置研究的功用，是使編劇在專業研究人員提供的資料基礎上，把工作焦點集中在創意和想像力上的加工，編寫真正屬於兒童、吸引兒童收視的劇本。

協助編劇瞭解兒童

如果沒有前置研究，我們在編劇時，首先要考慮大人的經驗跟兒童的經驗是不是一樣？我曾經為公視一個自製幼兒情緒教育節目進行前置研究調查，其中一個問題是分別和兒童及家長討論，什麼事會讓幼兒感到「驕傲」和「得意」？結果大人觀察到令小孩驕傲得意的事是得到一張獎狀、上臺唱英文歌，可是孩子回答說：我洗澡的時候都自己抹肥皂、我昨天幫爸爸洗車、我會自己澆花、我會騎腳踏車……。從這個例子即顯現大人經驗跟小孩經驗有很大落差。

　　至於一個有豐富生活經驗的編劇，要寫兒童節目劇本的時候，也得去想：我的經驗是不是孩子會有的經驗？即使孩子會有這個經驗，他在反應上會不會跟我一樣？我個人曾經有過一次非常快樂的經驗：一個和我同一天生日的好友在我生日那天，冒雨送來她自製的禮物，我回送了一份自製的手工藝品。當我們各自拆開禮物後，驚喜的發現我們互送的禮物是相同的。後來我把這個小故事告訴一群兒童，他們的反應是：那就等於沒收到禮物了啊！交換到相同的禮物對兒童來說，並非和成人感受一樣是快樂的。

　　孩子的經驗和反應究竟是不是我所想的那樣呢？當編劇有所疑惑，不確定這些自我詢問的答案時，就須透過研究調查的協助，讓寫出來的劇本就是孩子實際會有的反應、心態和行為。

美國和日本兒童節目前置研究舉例

　　國外的兒童節目前置研究，最有名的是美國兒童節目工作坊(CTW)所製作的「芝麻街」。CTW的前置研究過程是先蒐集資料，然後提出一份主題概念報告，再召開課程研討會，列出編劇大綱，最後進行節目測試，之後試播才正式播出，播出後又進行總結性評估，調查兒童收看的情形和效果。

　　平常在CTW有一組研究人員，他們長期密切注意學術界在「幼兒」這個對象的新研究發現，據以決定新一季的企畫主題。例如，研究人員發現學術界在探討美國兒童的地理觀念日漸薄弱，於是他們決定在節目中新增一個地理單元。接著，他們把蒐集到有關兒童地理發展上細微的資料加以整理，函請二十位顧問增修，回收後彙整成一份主題概念報告。隨即，在每年秋季固定召開的課程研討會上，他們邀集兒童生理、心理、發展學專家和地理學者根據主題概念報告，一起討論節目進行方式，以及兒童在地理概念方面的接受能力，最後邀請製作人召開編劇會議，為節目設計形式。

　　另外一個例子是日本NHK的「與媽媽同樂」節目。此節目原本目標觀眾是設定在四至五歲的幼兒，然而經過收視研究發現，一至二歲的小孩最常收看這個節目，三歲以上的幼兒則都進幼稚園了，並非是主要收視群，因此將

收視對象改成二至五歲。又根據另項調查發現，四至五個月的嬰兒已經常被放在電視前面，十至十一個月的嬰兒幾乎全都看過電視，一歲大以後就會跟著電視做律動。製作單位認為，製作給兩歲以上小孩看的節目需要謹慎，於是成立「兩歲兒童電視節目研究計畫小組」。這個小組所做的最大規模調查是在1984年，為一個新型態動畫節目研究角色造型、表情、性格，測試幼兒對角色的喜好反應，他們甚至分析日本兒歌中最常出現的字，做為角色的命名。

二階段式編劇

前置研究的結果呈現，如果細微到把每集主題內容有層次系統地羅列，如案例蒐集、解決問題方式、實驗設計、操作步驟等，則其形同完成一個概念性的劇本，再由編劇增添畫面和劇情，成為拍攝劇本，這種模式可以稱為二階段式編劇。

以CTW的「編劇手冊」為例，它提供編劇和製作人關於節目背景資料、引導原則和每一目標下的具體建議等參考。例如單元目標是「合作」，顧問群在引導原則中建議編劇同時表現合作的正面結果，以及相對的缺乏合作的負面結果。他們將「合作」的概念釐清為三種不同模式：勞力平均、技術整合、互惠主義，並進一步在各模式下提出可行的劇情（或故事）方向，且舉出具體實例。以「勞力平均」為例，顧問群列出的故事方向為：

1. 兩人以上的群體有一共同目標。
2. 該目標要求特別技術或資源。
3. 該目標無法容易地被任何人獨立完成。

在此特徵的陳述下，編劇手冊裡提供的具體實例是：

一群孩童發現一堆木材，並決定要帶回家建造一間樹屋。沒有任何人可以獨自帶回所有木材，所以他們把木材分成數堆，每人扛一部分。

編劇有了詳實的指引和參考資料，即著手編寫生動的對白和小插曲，將

節目活潑化。

　　二階段式編劇在知識類節目尤其必需，以美國兒童科學節目「怪頭博士」為例，其編劇群有豐富的情境喜劇經驗，但是不曾寫過兒童節目的劇本，他們在衡量自己缺乏專業科學知識下，曾婉拒擔任該節目編劇。然而，執行製作人明白告訴他們這不是問題，因為這節目另有研究人員撰寫課程，他需要編劇做的就是「添加笑料」。後來編劇群不辱使命，不斷反芻，將研究人員撰寫的「科學劇本」轉化成「喜劇劇本」：他們把怪頭博士浸到水槽中，來解釋什麼叫「排水量」；怪頭博士和助手們雙手髒兮兮地修理阻塞的排水管，來解釋醫生如何治療心臟病。

國內亟需研究與製作結合

　　無論是「芝麻街」還是「與媽媽同樂」，都是累積三十年以上製作經驗的老節目。臺灣第一個兒童節目在民國55年播出，換言之，我們也有三十年以上的兒童節目製作經驗。但是，我們一直缺乏專業前置研究環節，這是國內兒童節目必須面對的最大突破和挑戰。前述提及的公視製作中的幼兒情緒教育節目，即在嘗試進行製作和研究的結合。研究員在幼稚園中，透過講故事、情緒圖卡辨認的方式，引導孩子進行情緒的討論。我們發現幼兒能講出他們的心聲，且有解決自己問題的能力，這些紀錄將提供編劇瞭解孩子真正的情緒。另一方面，學者專家亦參與設計引導方法和紓解原則，訂立單元目標。我們相信，唯有編劇善用前置研究的資料，才能讓兒童節目超越目前層次。

　　國內的電視兒童節目製作水準正在提昇，有了前置研究到編劇的過程，未來當然能夠更好。

製作和研究的美滿聯姻
——「芝麻街」節目企畫實例

　　電視節目的企畫是指節目目標、型態的擬定，目標觀眾特性與需求的瞭解，和節目各單元觀念、定位及內容的釐清。企畫最大的挑戰目標是創意，創意的滿足則來自後續編劇和攝製階段的落實執行，更重要的是觀眾實際收視的肯定。

從企畫奠定成功實力

　　在兒童節目製作領域，美國兒童電視工作坊(CTW)為公共電視所製播的節目一向位居翹楚，既有教育內涵，又兼顧娛樂效果，在收視與口碑上創造出雙贏局面。CTW的致勝絕招，如其創辦人Joan Cooney所比喻，是它促成熟悉教學內容的研究群，和擅長媒體表現的製作群的聯姻。結合的雙方雖然來自不同的背景，婚前又彼此認識不深，但為了促進溝通及交流，共同為兒童節目貢獻心力，多年以來，已發展出許多整合群體智慧及彼此關係的工作模式。這個工作模式的步驟是從資料蒐集後提出概念報告，再舉辦課程研討會，羅列編劇大綱的企畫過程奠定基礎，然後進行節目測試和節目試播，最後以總結性研究評估節目成效。換句話說，CTW是從節目企畫起就已厚植成功的實力。

「芝麻街」一般企畫流程

　　CTW工作模式，首先讓其針對三至五歲學齡前兒童而設計的「芝麻街」節目揚名於世。針對「芝麻街」的教育性理念，CTW內部的研究小組平時遍覽各相關學術論文期刊、研討會專文等，瞭解相關於幼兒主題的最新發展趨勢，並思考適當的單元主題，而後選出一、兩個主題，做為新一季節目的內容。決定單元主題後，研究小組開始電訪該領域的學者專家，尋求節目主旨的建議。

　　經過一段時間的蒐集資料後，研究小組將與新主題相關的重要研究文獻，與一般性對目標對象各方面發展能力的議題，精鍊成一部「概念報告」，並將報告寄給二十位以上的外聘諮詢顧問，以及CTW相關成員，同時附上節目發展方向的問卷。

　　每年的6月至8月間，CTW固定舉行五場各為期三天的課程研討會，邀集編劇、兒童節目製作者、心理學家、兒童發展學家、教育學家、童書作家及影視工作者，甚至教師和家長，共同就研究小組報告的新主題，在幼兒的社會、道德與情感發展、語言與讀寫能力，認知、理解與解決問題能力等基礎上提出構思。透過廣泛的討論，CTW成員對節目目標對象兒童的學習能力得到最新的資訊，並勾勒出節目的初步內容大綱及創意表現。這些節目骨幹將彙編成編劇筆記，由編劇和製作人進一步設計動畫、影片、音樂、布偶、選角等枝葉，一集集精彩的劇本呼之欲出。

地理單元的企畫實例

　　上述這個發展新單元的企畫歷程，可以「芝麻街」第二十一季節目中新推出的「地理單元」為範例。

(一)諮詢專家

　　起先是「芝麻街」研究小組在蒐集資料中發現一些報告指出，一般美國兒童無法指認經常出現於新聞事件的國家和城市的地理位置，於是決定列為

新一季的主題，著手整理有關此單元的背景資料，並向專家諮詢如何教導三至五歲幼兒地理知識。

　　然而，幼稚園教學指引和探討幼兒與地理的研究文獻均認為，教導幼兒地理概念，最有效的是從鼓勵他探尋生活的周遭環境開始。電視媒體的大眾性卻無法照顧到每個人的生長環境，因此個別化的教育導向並不適合「芝麻街」。除此以外，研究小組也發現，幼稚園課程中將「上」、「下」、「前」、「後」等概念列為地理相關學習，而「芝麻街」早已將這些概念列為學習目標，製作出許多精彩片段。因此，當務之需是為節目中既有的「地理教育」擴展新目標。

(二)秋季研討會

　　研究小組很快地將注意力轉移到地圖、土地形式、人物與動物居住地等三大主題。工作的第一步是蒐集有助研究小組瞭解這些主題的專家名單、論文和課程。最後研究小組找到一位地理教授、一位發展心理學教授和一位地理雜誌編輯做為首席顧問，另外有二十位諮詢顧問，幫忙審定概念報告，提供新的論文和課程設計資訊。當年秋季的研討會上，與會人士紛紛就教導幼兒地理概念的可能性、內容範圍、子題架構、媒體表現方式等提出更具體而詳細的討論。研討會後，研究小組決定進行三項研究來實際瞭解目標對象對地理的接受程度。

(三)進行三項研究

　　第一項研究是測試他們對既有「芝麻街」中含有地圖、土地、位置概念的節目片段的理解，結果發現豐富的鏡位變化，反而妨礙了幼兒形成正確的地理關係。

　　第二項研究源於首席編劇諾曼在課程研討會所說：「既然我們能教幼兒字母和數字，就能教他們國家、洲和大陸的形狀。」因此設計出「地圖形狀標識」(Map Shape ID)單元。這是非常簡單的測試帶，包括四個片段，展示夏威夷、阿拉斯加、非洲和美國的靜態黑白地圖。每次地圖出現八至十一秒，會有旁白說二次：「這是夏威夷（阿拉斯加、非洲和美國）。」結果顯示，看過「地圖

形狀標識」的幼兒比沒看過的幼兒，從地圖上正確指出這些地方的比例大幅提升。

然而製作人、編劇和顧問卻自我質疑這樣的呈現方式是否過於制式，而忽略地理知識「質」的面向？難道兒童對生活在不同地方的人和動物不感興趣嗎？他們修正「地圖形狀標識」進行第三項研究，例如在澳洲地圖上加上袋鼠。結果兒童在觀看時歡笑聲連連，他們樂於隨節目複述地名和動物名。地理單元的設計因而底定，正式推出後，成功地教導幼兒認識其他國家的位置、特色和人民生活狀況。

改變國內節目企畫模式

在「芝麻街」的企畫運作實例中，創意是群體腦力激盪的產物，其落實執行更要求群策群力，企畫對工作成員而言，是「集眾人之力以成眾人之事」的一回事。反觀我們的兒童節目企畫流程，在企畫案完成前只有蒐集資料單一步驟，且尚非由研究小組長期關注執行。

在國內，「節目企畫」是一項職稱，實質上由導演、製作人、編劇或執行製作認養的工作，如涉及專業知識，製作單位再特定請教一位顧問，由顧問提供資料，縮短摸索時間。縱使顧問可能是學者、專業人士或資深教師，與製作群間的關係僅為點頭之交，少有面對面的共同討論和互動，因此，節目創意和內容來源掌握，繫於負責撰寫企畫案的一人身上。節目企畫案通過徵選後，實際製作也不一定依原企畫書而行，更動原因多屬事後在成本和便利性的考量，而非節目效果和理念的實現。

相較於國外對節目企畫的重視和不斷嘗新的實驗，國內難以培養出一個長期播出的代表性兒童節目，其根源在於企畫階段未能集眾人之力。如果我們對兒童節目的認知，是肯定它的教育責任，我們對兒童節目的需求，是期望它的品質保證，那麼我們的工作模式亟需改變。

成立節目研發小組

首先要改變的，是委由人力和財力規模皆有限的傳播公司，統籌節目企畫的狀況。依國內情形，可行的模式是由廣電基金或公共電視自製兒童節目，組成「節目研發小組」擔當企畫的推動，出面邀集專家、學者和製作群參與前置作業，實務上則可與優良製作單位合作錄製，但盡監督之責，掌控品質。如此我們的兒童節目才能有提昇的機會，由機會中創造經驗，由經驗中累積實力，因實力而達成理想。

「芝麻街」的研究群和製作群牽手已超過三十年，我們的研究群和製作群，仍在找尋能牽起彼此千里姻緣間的那條紅線。

幼兒發展特質
在雜誌型節目製作上之應用

所謂雜誌型節目是指一集節目切割成數個單元，單元之間可能相關，可能沒有相關而各自獨立。幼兒節目經常採用雜誌型設計，其原因可以從幼兒的發展特質來看。

熟悉而有變化的內容

首先，一個原因是幼兒的注意力不能集中很久。十個月以前的小孩，當他在玩時，會吸引他的是聲音，小孩對高頻率或不尋常的聲音會有興趣，例如聽到廣告裡緊急煞車聲，他會抬頭看一下，但不會停留很久，廣告結束後，馬上又轉移注意，繼續玩他的。十個月以前的小孩是聽覺優勢，會偏向選擇聽覺訊息，這和人類發展過程有關。胎兒在子宮內時，聽覺就非常敏銳，開始就聽得見外在聲音，出生之後，聽覺比視覺發展更早成熟。新近有關新生兒研究發現，出生三天的小孩，已經可以辨別聲音中非常細微的差異，例如「ㄆ」和「ㄅ」；十個月以後慢慢會和成人一樣，邁向視覺優於聽覺訊息處理的狀況。

幼兒視覺上的研究則發現，對比強烈，色彩鮮豔、明亮的、動態的物件最吸引小孩。新生兒的視力範圍是三十公分，研究者實驗在此距離下，什麼東西會吸引新生兒的目光停駐很久。以看人為例，新生兒喜歡看熟悉的臉，如媽媽的臉，而且他們的視線是先看頭髮和臉交接之處，因為那裡黑白對比

最明顯。看圖案的話，很小的小孩就有偏好，他們不喜歡看過於複雜或過於簡單熟悉的圖案，而圖案熟悉後就不會再看。讓他視線停駐最久的是他有點熟悉，可是又有點變化的圖案。這個原則一直到學齡前兒童都適用。兒童節目要給小孩的是他熟悉的事物和生活經驗，完全陌生的事物對學齡前兒童而言，並不會持續他的注意力，如果是他熟悉中又有點變化的內容，就是他最願意看下去的。

單純的背景與情境演示

要吸引學齡前兒童注意力，另一重要考量是他的認知能力。學齡前兒童對很多事物都很好奇，比較缺乏記憶思考策略，看節目時容易分心，不知道哪裡是焦點。因此，幼兒喜歡黑光劇，背景黑黑的，但偶亮亮的。一方面因為它很新奇，他們好奇為什麼會發亮；再一方面是背景單純，孩子就會專注在偶（或主角）的表現上。可是如果背景很複雜，即使是偶（或主角）有明顯對白或動作，幼兒也會散漫地流覽畫面，東看西看。小孩不像成人，能掌握節目重點、依照主題焦點觀影。他們不是用有組織的方式去讀去看，因此在幼兒教育上強調單純，明確呈現焦點之所在。

由於幼兒經驗較成人不足，如果節目內容是幼兒陌生的，他在認知過程中需要費力辨識。而電視畫面是一幅幅快速播下去的，如果籠統跳接，根本難以讓幼兒來得及解讀。舉例而言，節目中如果想要問孩子四顆氣球二個人分，一個人會分到幾顆氣球，光口述這個問題會讓孩子在訊息處理過程中卡住，可是如果利用孩子熟悉的玩具分享經驗，讓孩子一個一個數出玩具，並呈現你分一個，我分一個的過程，孩子可以理解「每人會分到二顆氣球」。

畫面設計在吸引小孩同時，也得考慮節目的目的是什麼，例如日本幼兒節目「與媽媽同樂」中，有一段節目是一位成人帶著一位小孩表演彩帶舞，如果它的目的是欣賞並表現出熱鬧活潑氣氛，而不是要觀眾學習跳彩帶舞的動作，則背景燈光可以不斷地變化。然而，當節目目的是要讓孩子清楚學習電視上示範的動作，背景太炫則會有反效果。

認知節目形式才能理解內容

前面言及，幼兒對日常生活中的事物、主題較為熟悉，如果以動作和音效搭配他熟悉的事物或主題，一定較能理解。而他們對於動態有變化、有聲光效果的東西會很好奇，這就是為什麼幼兒會喜歡看卡通，也會喜歡節目中偶的動作和特殊聲音。如果是孩子覺得故事情節有趣的偶劇，四歲小孩可持續半小時的注意力來觀看，大班幼兒甚至可以觀看一小時的偶劇。因此，幼兒節目不見得要做成片段不連貫的雜誌型。

換句話說，從另一個角度來思考，如美國公共電視網「芝麻街」(Sesame Street)、卡通網「幼兒寶貝袋」(Big Bag) 和國內公共電視臺自製的「水果冰淇淋」第一季節目，單元設計都是把一個主題故事切成多段，各段間再插入其他主題的片段。這樣的設計從幼兒發展的研究來看，須視小孩「看電視」的能力，才能確定他是否能理解。

屬於高收視群的幼兒，如果已習得節目形式，那他可以將類似「幼兒寶貝袋」，被切成多段的主題故事連貫起來，然而，一般幼兒是無法在此中間有訊息干擾的情況下，理解某一插入主題的前後段，是一相連貫的故事。因為對幼兒而言，因果的串連不一定是根據鏡頭的前後順序，有時是根據自己在每個畫面中所注意的點，自行任意湊出因果關係。例如「水果冰淇淋」第二季雖然每集有一主題，中間有時會插入生活自理或親子律動單元，其完全和主題無關，卻也會造成幼兒以為是前後主題相連貫的困惑，尤其三至四歲的幼兒這傾向更是比五至六歲的幼兒明顯。

同一故事應連貫呈現

幼齡的兒童收看節目時，比較不會把前後段訊息整合成一個焦點來接收，而是各段獨立收視、理解。舉例而言，某一布偶在第一個片段中，收到一樣禮物，打開一看是一雙溜冰鞋；接著第二段是用實物介紹筷子與碗、掃把與畚箕的互相搭配關係；第三段是第一段的布偶突發奇想將溜冰鞋當作是小狗，

帶到街上「遛狗」。一般幼兒觀看這三個片段，會將之視為三個獨立片段來欣賞，無法理解第三片段的情節是延續自第一片段。

因此，在執行創意時，節目製作人員也須就幼兒理解能力的角度，來安排訊息的呈現。至於像「幼兒寶貝袋」這個一小時節目，整集會有一個共同主題，例如「說謊」，那麼主題故事是說謊，插入主題故事中的數個不同動畫片段，也是關於說謊的故事。然而，兒童最早要到七歲，甚至九歲，才會意識到這一小時的節目都和說謊有關，在此年齡前，他們就是一個片段一個片段地理解其中訊息。

鏡頭須跟定一焦點事物

幼兒的理解特性影響著節目表現形式。有研究發現，鏡頭不斷地切換、跳接、拉遠拉近，對幼兒而言是很大的訊息處理負擔。例如幼兒節目中常見的「圖畫故事」單元，如果鏡頭焦點不斷地在各角色或場景間跳來跳去，幼兒會對情節的連貫產生混淆，他們會疑惑，上一個畫面在說話的狗為什麼下一個畫面就不見了？狗什麼時候離開的？牠去哪裡了？實際上狗仍然存在，只是下一個鏡頭跳到狗旁邊的另一角色，而把狗摒除在畫面外。假設狗是孩子看這故事的主要興趣焦點，或這故事就叫「狗兒哈利」，一旦狗的蹤影沒有接續上小孩的注意力，三至四歲孩子會放棄欣賞這個故事，五歲以上大班小孩可能繼續看下去，但是不見得能串起故事。此時最好的運鏡方式是跟著狗的動線移動，並且要交代情境，先由廣角鏡頭拉近到主角明確的場景。

然而，如果事件或動作是幼兒熟悉的，則動作雖然跳接，幼兒仍有可能可以自行填補中間省略的步驟。例如「與媽媽同樂」中有一單元是幼兒穿衣自理，前幾個畫面可能是幼兒將手伸進上衣衣袖，接著跳到他扣釦子，再接著坐下將褲子套上腳，最後幼兒站著拉上褲子。雖然在蒙特梭利教學中，對於穿衣步驟、動作和幼兒穿衣能力的發展階段劃分地很細，但因為穿衣服是幼兒熟悉的生活事件，所以電視上如此呈現，幼兒可以自行連貫穿衣步驟，也能理解到「電視上和我一樣大的這個小孩會自己穿衣服」。

每一片段單元要完整獨立

　　雜誌型幼兒節目是由片段單元組成的，到底各片段的主題不一樣會比較適合幼兒？還是用不同形式來包裝同一主題比較適合幼兒？這要視節目是否有設定明確教育目標而定。如果節目是要達到教育目標的需求，例如「芝麻街」企圖讓兒童建構一個概念，那麼各片段可以用不同的情境事件來表現同一主題，這樣對兒童的學習而言，是最容易建構這個概念。如果沒有刻意要設立特定概念的教育目標，各片段可以針對不同主題設計。

　　例如「與媽媽同樂」這個節目，三十分鐘裡大半是唱歌、跳舞、大家一起玩，因為歌詞有趣、簡單、不斷重複，而且是小孩熟悉的曲調，音域也不會太廣，孩子們就會跟唱，即使是第一次聽到這些歌，他們都能容易進入狀況。美國有一個「邦尼和他的朋友們」(Barney and Friends)節目，會依據主題設計一首歌，但旋律是反覆使用，經過幾次學習，只要旋律一出來，兒童幾乎都可以跟。倘若歌曲設計不是孩子熟悉的，那麼訴求的目的，就是隨著音樂起舞。

　　所以，雜誌型節目不見得都要主題統一，如果每個片段都是獨立單元也很好，可以教自理、教數學活動。但是各段要區隔清楚，讓孩子逐漸熟悉節目格式。「與媽媽同樂」就設計許多主題，不過其中穿衣的自理單元取鏡仍不夠清楚，如果節目目標是要指導小小孩學習穿衣，原則上鏡頭就要慢而步驟清楚，但我們沒有看到畫面中小孩穿衣服的每一步驟，只看到他把褲子一拉就表示穿好衣服了。我們可以假設這節目只是在示範，孩子在他的年齡可以自己穿衣服，真正要教他穿衣服就必須步驟清楚，配上合適的音樂，才能吸引孩子仔細看。

　　不過，做節目和一般教學不太一樣。在一般教學中，我們不希望事情被切開分段教，但在電視呈現上，如果運用的是小孩熟悉的生活情境，則可以用雜誌型的結構呈現。

字與圖互相搭配

人類的學習和表達，大部分依賴符號來進行，電視節目的內容設計當然也不例外。幼兒節目在符號的使用上，有一個有趣現象：一般都假設學齡前兒童不識字，所以對字的處理原則就是盡量不要出現。但我們可以鼓勵孩子嘗試讀圖讀字，例如出謎語要兒童猜「有四個輪子的東西」，那麼，「四個輪子」可以畫出四個輪子並配合文字。學齡前兒童，尤其是五歲時，對文字符號已經產生很大的興趣，他們會想知道他們看到的字是什麼意思，在此情況下，幼兒節目可呈現一些文字給他們看。例如節目中出現「禁止寵物進入」的標誌，同樣是慢而清楚的聚焦在此標誌上，寵物用畫圖標示，幼兒可以學會此標誌中禁止進入和寵物間的因果關係。

數學更是一個抽象的符號思考運作過程。學齡前兒童在學習數的概念時，很重要是要利用配對策略，假設我們要讓孩子數大象有四條腿，藉此讓他學會數到4，並且瞭解 "4" 的意涵，如果畫面上這隻大象一直走來走去，而旁白數著 "1、2、3、4"，電視機前的幼兒並不能把大象的腳和數的數字正確配對。他們不瞭解數過的腳不能再數，數到最後一隻腳，就是總數。如果節目設計是運用動畫，把數過的腳標示出來，就更能達成學習目標。

接近兒童

兒童節目製作人員得隨時提醒自己，節目內容到底適合幾歲小孩。舉例而言，教孩子數有幾顆氣球，數1、2、3、4是適合三、四歲孩子，對五歲孩子而言就太容易了。兒童的觀看行為和學習狀況有時候是非常難掌握的，要做好兒童節目，最直接有效的途徑就是實際去接近兒童、瞭解兒童，即使製作時間很緊湊，無暇蒐集並閱讀相關文獻，甚至相關文獻缺乏的情形下，這個努力都不能省略、放棄。現在，學術界已逐步在建立國內兒童的發展資料，相信未來能對兒童節目的製作提供更實質的參考。

臺北市立師範學院幼教系副教授　林佩蓉演講／李秀美整理

兒童圖像閱讀特質
在讀書節目製作上之應用

怎樣把閱讀這件事,透過電視媒體表現出來?我看過國外的讀書節目「閱讀一道彩虹」(Reading Rainbow)和國內的讀書節目「小小圖書館」後,一直在思考這個問題,因為這不是一件容易的事。然而,不管如何,製作此類節目前,我們還是有必要先瞭解小孩圖像閱讀的特質。

自然的感覺能力

首先,我們從瞭解兒童的特質開始,這個關節打通了,其他關節都會迎刃而解。我們每個人都擁有自然力和文明力兩種能力,只是擁有的比例不一樣,以兒童和成人相較,兒童是自然能力大於文明能力的一群人。文明能力基本上是後天的,隨著成長在社會化的過程中,文明能力自然會強化。

所謂自然能力,基本上是一種感覺的能力,兒童在看世界時,是從身體所與生俱有的感覺能力出發,他們經由全身的感官系統,即聽覺、視覺,甚至嗅覺、觸覺,還有身體對空間的感覺等,透過運動肢體來碰撞、干擾這個世界,然後因應所引發的反應,慢慢累積出他們的認知系統。

相形之下,成人在經過許多文明能力的訓練後,習慣經由腦的運作,透過學來的抽象思考,用分析的方式看這個世界,因此成人的感覺總不如兒童敏銳。這是兒童與成人在學習與認識世界時不一樣之處。

先掌握整體的閱讀特質

兒童的圖像閱讀特質是承接兒童的特質而來的，第一是自然能力大於文明能力，第二是透過感覺。圖畫書的主要讀者是學齡前後階段的小孩，小學三年級以後，兒童會過渡到自己閱讀文字的階段，但依賴自然能力和感覺的圖像閱讀特質，則顯見於學齡前兒童。

一般而言，兒童的讀圖能力很強。兒童認知發展和心理學上的研究證實，兒童讀圖的第一步驟是先整體掌握圖像，得到畫面印象後，才開始去發掘細微之處。然而，圖畫書如果考慮到孩子事後可以進入細部觀察而畫得太仔細，整體的感覺氣氛卻沒有營造出來，會使孩子抓不到畫面焦點。

相反的，成人受到文明力左右，觀察圖像會先注意到局部（或者稱為焦點），然而可能被既有訓練框住，無法跳脫去觀察整體。以我自己而言，就一直試著回到兒童方式來看繪本，但是，有時一本書即使我擁有好幾年，很喜歡且看過很多遍，自信已能掌握畫面的陳述，卻往往在和兒童共讀時，由他們點出我多年來尚未發現的很有趣的點。由此可見，成人最依賴的仍是文字符號，慢慢遠離圖像世界，對圖像認知也已遠不如兒童。

因為兒童是透過整體感覺來看圖畫書，也許有一段話他聽不懂，或他看不懂文意，卻不影響他們掌握故事。例如有一本圖畫書《永遠吃不飽的貓》，畫中的貓隨著不斷吃下去的東西而漲大，兒童也會覺得自己的身體不斷漲大。最後這隻貓伸手想抓太陽來吃，結果卻爆炸了，然後，牠所吃下去的東西又原封不動的跳出來。經由這個累積能量、釋放能量的過程，兒童也會跟著由飽滿而鬆懈。成人如果能盡量以兒童的方式，以眼睛讀圖，耳朵聽故事，整個人融入，或許就更能體會圖畫書的樂趣。

兒童喜歡有感覺的圖像

兒童的繪畫，以大人眼光來看，這些畫有時顯得很不明確，其實這種不準確是源自兒童描述能力較弱，無法兼顧細部去完整陳述一件事。兒童畫看

似塗鴉，卻非常有感覺。尤其是三、四歲的小孩，要他畫一輛車，雖然外形是扭來扭去的車形，但是那車畫得像在動；大人來畫車，外形雖然畫得很像，卻較難表現出車的動感。這也可以印證兒童重視的是感覺和整體的呈現，當然這也包括因為他的描述力比較差，所以做這樣的表現。

有一些童書插畫家，他們喜歡回過頭來模仿兒童的筆觸，畫得很幼稚，自以為兒童就要這樣的東西。這是成人對兒童圖像觀的誤解和矮化，他們不去瞭解兒童畫的筆觸雖然幼稚，但它有那種感覺的特質，成人是無法表現出來的。成人經過訓練，可以把事物畫得很精準，這是我們希望孩子慢慢吸收的東西，但另一方面也要貼近他們的心，這樣才能觸發他們豐富的感官能力。

電視圖像應建立整體感

電視讀書性兒童節目，應盡可能讓兒童動用身體的感覺來參與，例如視覺、聽覺、肢體等感覺。不過，我認為電視基本上是比較屬於成人的媒體，它不必動用人身體的參與，而是透過以前累積的經驗或知識，整理由畫面訊息裡得到的東西。對照於兒童是從自己出發，自己去跑、去跳、去碰的學習方式，電視媒體跟兒童的自然本性比較有距離。如何讓孩子從電視感受且抓到他們要的東西，是兒童節目工作者面臨的挑戰。

如前所述，兒童的圖像閱讀和成人大不相同，電視節目拍攝很注重構圖，會注意眼睛的動線，但這是一般大人所歸納的構圖美感，其呈現方式不見得適合兒童。因為電視是單向灌輸的媒體，且畫面隨時間不停流動，無法讓孩子有時間觀察細部，或重複欣賞。再者電視媒體喜歡用特寫鏡頭，引導兒童注意圖中焦點，其實這是不符兒童讀圖特質，對兒童欣賞及感受圖畫的意義可能不大。

忠實呈現

「閱讀一道彩虹」節目在介紹圖畫書時，是採大塊大塊的表現方式，而不會聚焦在細節部分，是一個尚能掌握兒童讀圖特質的運鏡方式。但是，此

節目的拍攝手法仍帶有成人引導的角度，它運用了許多特寫和攀的鏡頭。透過電視運鏡呈現圖畫書的插畫，如果是先帶出一個整體的圖畫畫面，再慢慢推近，然後才特寫細部，這也許是兒童可以接受的。誠然，電視上如果靜態畫面停留過久，會讓兒童失去注意力，所以適合加入動的因素，例如做特效讓書中人物翻筋斗，時鐘在滴答走等，配合背景音樂的烘托，是電視可發揮的媒體特性。

選書對以介紹圖畫書為目標的兒童讀書節目而言，是非常重要的。一般介紹繪本最好的方式，就是忠實地把作者想表現的東西傳遞給小孩，如果有文字的搭配，那麼節目旁白可以依照著字唸。如果繪本沒有字或字很少，那是作者認為圖本身已有說故事的能力，那最好的閱讀方式就是讓孩子自己一頁一頁的翻，大人盡量少干預。至於電視媒體，則不適合呈現這種無文字配合的圖畫書。

兒童讀書節目另一製作方向，是把節目目標定在介紹故事，那麼圖畫書中所提供的故事本身就已經是精彩的劇本，製作者可以運用屬於電視媒體的形式來呈現書中故事。國內曾播出的「小小圖書館」中有一集介紹黃春明作品《我是貓》，就因為書中的插畫少，較難串連成一完整故事，所以將該書故事以皮影戲方式呈現。然而如此做法，相對的難免會偏離介紹原書的目的。

貼近童心

兒童看電視需要具有對電視影像的識讀能力，例如電視製作喜歡運用特寫鏡頭來喚起觀眾強烈的感覺，兒童看多了電視也會知道這一點，但是我們並不確知電視結構訊息的方式是否符合兒童的自然特質，這有待探討。對兒童讀書性節目而言，如果節目是將書中故事再創作，那麼可以偏向電視語言，如果是介紹書，製作者就需考慮到兒童閱讀圖像的特質，來調整某些約定俗成的運鏡方式，重新思考它的適合性。

而一個成熟的兒童節目製作者，仍必須體認自己是成人的角色，如果刻意要回到童年或揣摩兒童的言行，藉此創作出受兒童青睞的作品，反而不是

很好的途徑。最重要的是從自己出發，讓自己的特質貼近兒童的特質，然後再忠於自己地表現於作品中。雖然創作的剎那是忠於自己，但平時就應自然地去接近小孩、瞭解小孩，在心靈深處留住那份童性。

　　不過，這需要時間。

兒童繪本推動者　林真美演講／李秀美整理

最好的戲就是遊戲：
談兒童節目中兒童演員的表現

拍攝戲劇類兒童節目，如果演員是學齡前兒童，我常會面臨掙扎。因為要幼兒演員依照劇本的設計去揣摩角色、講出對白，有時甚至要走位、記動作，這對一位幼兒而言會因一次次重拍而失去興致；對一位導演而言，捕捉不到兒童的自然表現也沒有什麼意義，幼兒只是依照導演的意思在表演。因此，學齡前兒童適不適合演出戲劇，一直很有爭議，如何讓他們在節目中表現自然又有吸引力，也考驗著導演的功力。

生活性的劇情必須符合兒童經驗

兒童演員的角色具有兒童與演員雙重特質，我的觀點是，如果節目內容能符合兒童演員的生活經驗，就很容易拍到他們屬於兒童那部分，天真可愛的情感流露；相反的，要兒童演員體會生活中不曾經歷的情節，那麼節目呈現出的就是他們屬於演員那部分，達成要求的揣摩做戲。例如看到他的小狗死了他很難過，如果演員沒有寵物死亡的經驗，那麼他表現出的悲傷就會很假。

對學齡前兒童演出的爭議，即在於他們的心境、生活體驗、對情境的揣摩只能到一個程度，超出他們的生活經驗，而依賴想像來演出生活事件會很困難。也許，導演可以用模擬的事件引導他接近所需要的情緒，但仍然無法讓兒童將劇情當作是真的發生的事。例如節目主題是孩子怕黑、怕打雷，可

是現場並不黑也沒有打雷，演員們表現出來的害怕其實不是對劇情的體會。

　　成人戲劇裡的兒童演員情緒往往負擔很重，原因即是他們不瞭解為什麼他必須在戲裡哭或笑，只是應要求哭一場或笑幾聲。因此，我認為兒童節目如果訴求生活性內容，可能更不適合戲劇型態；相對的，如果訴求幻想式內容，也許兒童演員反而容易進入戲劇演出情境，因為他們知道自己在做的事是演戲。

幻想性的劇情必須符合兒童的語文能力

　　幻想性的內容具有童話色彩，演生活情境的戲是演戲，演童話情境的戲也是演戲，穿不穿戲服演戲其實對兒童而言是一樣的，只是包裝戲的形式不同。我個人的觀點認為，童話情境對兒童而言是比較易於接受的、有興趣的，因為他們看到和他們的生活不一樣的事物，才會想知道劇情的發展。也就是說，兒童節目的形式，如果是完全由真人演出的生活戲劇，並不討好，必須有非寫實的角色和情境，才能讓節目有趣，而有趣是兒童節目成功與否的重要因素。

　　兒童以角色扮演方式來演戲，是兒童戲劇的另一形式，例如演出民間故事，那麼從演員到觀眾都會知道這像在學校園遊會演出童話故事一樣，就是演戲。在戲劇表演中，兒童演員必須和工作人員熟悉、熟悉製作環境、記憶力很好，才能稱職演出。拍片情境沒有壓力是最基本的，但他們的壓力主要來自要記臺詞、動作。

　　背臺詞是兒童演員很大的負擔，如果臺詞是他會而且簡短的話，對他的表情會很有幫助，如果演員必須去想怎麼講臺詞，這樣的演出已經不自然。兒童的特質讓小演員們會害怕挫折，NG二次後常常就拒錄，因為他害怕開口講錯話，如果臺詞中又有「但是」這樣的轉折語，更會增加拍攝兒童的困難。

　　年齡也影響著兒童演員的表現。中、高年級兒童對戲劇節目已有欣賞能力，也具有掌握劇情表演的能力，但就因為他們懂得表演，可能更容易讓同年紀的觀眾發現他們在表演，所以反而需要導演提醒他們要真實與生活化。

至於六、七歲兒童已經可以溝通和理解導演要的表現，如果劇情是他們認為有趣的，他們會演得很高興；四、五歲的兒童則不適合做戲劇演出。

其實要兒童演員演戲並不難，他們只要意識到現在是在演戲，甚至就會流利背出臺詞，但兒童節目的戲是演給兒童看，自然應表現出兒童的一面。如果編劇在定角色時能明確掌握人物特質，或者先有心中演出人選再去描摹角色，寫出來的戲會更貼近演員的表現能力。

如果演員是幼兒，那麼選角時最好選擇與劇中角色個性吻合的演員，文靜的就演文靜的角色，調皮愛講話的就安排讓他有調皮多嘴的機會；如果要讓他演一個不熟悉的真實角色，倒不如讓他演大野狼還比較能發揮想像力。

遊戲性的劇情能讓兒童自然演出

演員演戲一定必須面對鏡頭、燈光、現場工作人員，在走位、與其他演員對詞、分境分場拍攝的作業中，兒童演員如何能讓被打斷的情緒還能有起伏連貫的節奏，是一大考驗。如果兒童只是成為大人想達到戲劇效果的工具，我不贊成他們擔任演員；但是如果兒童能在節目中散發童真，他們會讓節目更有吸引力。當然，我們知道演員就是要表演，但表演的拿捏如何恰到好處，我仍在摸索。

觀察兒童的生活，我們會發現遊戲是他們生活的重心，而幻想是遊戲的重要元素。因此，遊戲性的節目內容，應該既能符合兒童演員熟悉的生活經驗，也有能讓他們發揮表演的想像空間。兒童節目如果是以玩為主要情境設計，讓兒童演員可以參與操作劇情，而非有固定設定好的腳本，那麼演員的表現自然就好。一齣最好的兒童戲劇，可以說就是遊戲。

在遊戲中，較幼小的兒童，不管是演員或觀眾，都會比較喜歡有律動的情節，不必刻意請老師教動作，而是讓他們本能隨著節奏表現，這類帶有音樂性和舞蹈性的兒童節目，反而能表現他們真實的一面。通常唱歌，尤其是一群人唱歌，對演員比較沒有負擔，很容易會讓他們忘記現在是在拍片現場的情境。

當然，兒童在投入參與中可能難以控制，會增加拍攝的變數，但相對的也能增加對觀眾的吸引力。兒童戲劇類節目在電視作業上長期面臨的問題，一是選角，二是有沒有時間磨戲，三是兒童禁不禁得起磨戲，都是很大的挑戰。如果目前的作業環境不能給兒童進入狀況的時間，那麼劇中的情緒能順應兒童的經驗，劇情是好玩的、遊戲性的，就能增加節目成功的可能性。

兒童演員也是節目的觀眾

一個好的演員，在電視作業環境下，他自己的表現欲望必須非常高，有天分，聽到劇情就會有反應；但是並非會講臺詞，能配合工作時間，就是好的兒童節目演員。如果兒童演員本身兒童的成分多一點，表演的成分就會少一點，這時節目中戲的設計也必須淡一些，演員和戲才會相融合。

兒童節目要好看勢必使用的媒體要多，運用的媒體多，製作人員的專長就要更多面，但是目前國內兒童節目工作者，從企畫、編劇、拍攝、製作到演出人員，都非專業從事兒童節目者。將來一旦兒童節目愈來愈精緻，分工愈細，我們愈需要主動去營造一個適合兒童演員的拍攝環境，讓他們能渾然忘我地參與。而目前我們能開始做的，是把演員也當作節目的觀眾，用心架構一個能引起他們興趣的劇情。

兒童演員，其實就是我們測試節目吸引力的第一批觀眾。

資深兒童節目導演　林文卿演講／李秀美整理

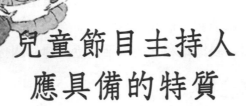

兒童節目主持人
應具備的特質

學者觀點

擁有高品質的兒童節目是社會的一種幸福

當我們談到兒童節目主持人前，我們必須先瞭解一個好的兒童節目必須顧及兒童的生理發展、認知發展、社會性發展、情意發展和語言發展。也就是我們必須瞭解兒童發展的歷程，例如三歲和六歲的兒童在體能上有何不同，什麼動作他可以完成，什麼動作對他而言是困難的。日本招牌兒童節目「與媽媽同樂」中有一自理單元，紀錄孩子自己穿衣服、刷牙的動作，清楚對觀眾展現一個三歲階段的小孩能完成的能力。對這階段的兒童而言，這些自理能力的學習是一種挑戰，但是當他看到別人能完成時，他也會鼓起興趣嘗試。

然而，教學節目和兒童節目必須區分開來，教學節目有特定教育目標，明確預期觀眾觀看後的學習效果，並發展出評量方式，因此兒童收看教學節目時，其心態是被迫學習的。至於兒童節目，兒童會以比較趣味性的角度收看，認定其主題和形式是有趣時，才會繼續看下去。也就是說，在收視意願上，教學節目是被動受要求必須收看完，兒童節目則應是主動收視，且隨時決定要不要繼續收視。

當我留學日本時，即羨慕日本擁有深具本國國民性的兒童節目，並帶給日本人共同的童年經驗，這經驗中包含他們共同喜愛的角色。「與媽媽同樂」中的人偶角色每一世代都會更替，同世代的人隨著這個節目長大，一提及他所熟悉的人偶名字，就能猜出彼此所屬世代。這個經驗使我體會到，擁有一個高品質的兒童節目，長期地和人的生活建立起連結關係，這是一種幸福。

從兒童發展角度挑選主持人

所謂一個高品質的兒童節目需兼具娛樂性、趣味性、生活性，滿足孩子心理上的好奇心和安全感需求。從兒童發展的角度來看，兒童節目主持人可以是孩子情緒依附的對象，最好固定出現，不能常換。主持人如果要成為孩子認同和示範的對象，則必須具有下列特質：

㈠不管主持人是真人或偶，都應清晰地具備誠懇、溫暖、包容等穩定特質

誠懇指的是主持人在節目中的表現是很在意孩子怎麼想，會以孩子的角度提出疑問。美國製作的兒童科學節目「怪頭博士」(Beakman's World)，裡面的鼠人萊斯特就常跳出來問怪頭博士：「你能不能說得再清楚一點?」就是很好的例子。而溫暖、包容指的是一種面帶微笑的表情。

㈡必須有多變化的表現，才會吸引孩子

如果要孩子期待主持人的出現，那麼他可以配合情境改變裝扮，例如在廚房裡就打扮成廚師。但是必須讓兒童知道這是同一個人做不同的裝扮，否則會混淆孩子認同感的建立。主持人本身即應具有創意，有熱情並清楚知道要給孩子不同的驚喜，樂於求變化。

㈢塑造自己獨特的個人特色

例如別緻的髮型、獨特的說話口音、特殊的習慣，像是不愛吃紅蘿蔔，雖然這是生活上的小事，有時也會成為節目中的趣點。

㈣能夠被孩子所接受的主持人通常有些人性上的弱點

譬如犯些小過錯、迷糊、愛秀、偶爾情緒化，這使得主持人有更活生生

的感覺，孩子才不會把電視上出現的這個人，當作是不同世界的人，而能同化到自己的經驗。但這弱點的表現要自然，否則效果會適得其反。

㈤必須懂得使用兒童語言

　　用孩子慣用的字彙和語句，以具體的事物表達抽象的概念，用多種形容方式來解釋所要傳達的意思，確保兒童能理解。

㈥對兒童具有積極、正面的態度

　　真正喜歡小孩，這是兒童節目主持人最重要的條件，他能體認到自己不是在娛樂大眾，而是在為兒童表演。

從節目趣味角度挑選主持人

　　從節目趣味的角度來看，挑選主持人、設定角色的裝扮和能力時，必須衡量下列特質：

㈠能寓表演於主持當中

　　我曾看過國內某個兒童節目邀請默劇演員表演,然後要求現場兒童模仿,這種方法反而是干擾孩子欣賞默劇。兒童節目只要做到讓孩子看了以後有印象就好，在類似的生活情境下，自然想起而學習。主持人最好可以自己在節目中有意無意地表演，如快樂的時候自然就唱一首歌，或跳一段踢躂舞，甚至變魔術。這種表演設計應配合主持人本身原有的才能。

㈡設想兒童觀看時可能產生的疑問或反應，即時回應

　　「怪頭博士」中常常有一閃而過的字，它的用意即是設想兒童可能一時聽不懂怪頭博士提到的字，所以即時秀出一張字卡，提示兒童這是他今天學的新鮮的字，而且只是快速流覽，得到印象，而非強迫記憶。立即得到回應，這在孩子看來是一種貼心。

㈢主持人如果有一般人所沒有的能力，對孩子而言會非常有魅力

　　例如美國有名的紫色恐龍邦尼(Barney)具有法力、怪頭博士有上知天文、下知地理的知識，其他如預知未來的能力、動手做的能力等，都是吸引孩子的特色。然而，知識類兒童節目主持人不需要替代專家角色，刻意表現

出博學多聞。所謂專家的知識應是確認在劇本中所傳達的知識是正確的，而主持人能真正體會他所要介紹的是什麼，能自然的述說出來，也會顯出他的疑惑，才會博得兒童的認同。「怪頭博士」裡把主持人設定為各種實驗都難不倒他的博士，但是他也會做錯實驗、預測錯誤，他同樣必須嘗試錯誤，這點更增加主持人的親和力。

我認為，兒童節目主持人不管是老人、中年人、青少年，或是兒童，甚至是動物或偶，只要找到具備上述特質的主持人，再根據此人的外形、情境設計他的角色，並依不同劇情變化他的裝扮，一個令人欣賞的主持人即脫穎而出。

製作人觀點

主持人即是節目中主要靈魂人物

兒童對兒童節目主持人的認同接受度，是這個節目能否吸引兒童的一個重要因素。我曾經為廣電基金製作一個「民俗娃娃」節目，它的主持人角色是定位為學習者，和兒童一起進入學習民俗的情境，甚至會請兒童教她。可是有些專家學者質疑這個節目為什麼用一個年輕的、不熟悉民俗的主持人，如此對兒童是沒有說服力的。然而，在另一「大自然教室」節目中，主持人是以博學多聞的角色，在真實的戶外情境中，帶領兒童認識自然環境，而我們也遭質疑，主持人知識如此豐富，會讓兒童感受到成為被教的對象的壓力。

我們不禁疑惑，到底兒童節目主持人的功能是什麼？主持人的定義是什麼？

兒童節目的複雜度高於其他類別節目，通常我們區別節目是以型態為準，但兒童節目是泛指以兒童為收視對象的節目，內容與型態包羅萬象。因此，我認為廣義的兒童節目主持人是指，在節目裡引導孩子進入情境的主要靈魂人物，所以不僅是綜藝與競賽型態節目有主持人，即使是戲劇節目或是棚外

報導性節目，主要演員和報導者也可視為是主持人。

主持人的特質依賴包裝

　　綜藝節目的主持人特質我們比較容易定位，就是要活潑、有趣、造型奇特，能讓孩子的情緒保持亢奮，但是知識性節目主持人是不是要如此搶眼？「怪頭博士」用綜藝形式來包裝知識，運用大俯角鏡頭讓畫面出現誇張效果。主持人怪頭博士常常會出現有趣的事，讓孩子期待觀看他下一秒又會變出什麼新奇把戲，的確抓住了孩子目光。

　　其實主持人都是包裝出來的，不管他是不是真的專家學者，如果我們的角色設計是一位專家，那就要將主持人包裝成專家的樣子。國內在兒童節目研究環節上是很弱的，我們沒有證據或實質的資料，證明孩子喜歡什麼風格的成人？同一主持人如何配合節目型態、拍攝技巧、內容取向來包裝？我們都是憑經驗在摸索。

㈠親和力是最重要的考量

　　經驗告訴我們，兒童喜歡看到的主持人是有親和力的，是可親近的、可信賴的，不會給他們「我就是比你強」的侵犯性和壓迫感，孩子比較能接納，願意聽聽他講些什麼。至於主持人是真人、動畫人物或偶，身分是媽媽還是爺爺，並不是重要的因素。如果主持人的特質可以反映孩子一些較會被糾正的性格，例如會偷懶一下、不愛整理房間，會拉近和孩子的距離。

㈡一個節目中須有多樣化的主持人

　　國內的知識類節目常用戲劇形式，並以平角的安全鏡頭來經營畫面。因為兒童節目主持人的性格如果很鮮明，就會讓兒童有所選擇，而我們總希望節目目標對象是一網打盡所有兒童。從擴展觀眾層面的角度考量，我贊成一個節目中的主要人物須多樣化一些，有不同性格角色的搭配，並用不同思考面來看待節目內容，這樣才會吸引更多不同趣味的兒童。一個主持人唱獨腳戲易於冷場，也只能吸引特定觀眾群。

(三)造型須符合兒童對節目型態的認知

此外，我們會挑選符合兒童對節目型態認知期許的角色擔任主持人。例如綜藝型態節目，兒童會期待看到活潑、充滿精力的主持人，藍心湄小姐就曾以在「聰明孩子王」裡的誇張造型和表演受到評審青睞，得到金鐘獎最佳兒童節目主持人獎。一個兒童節目主持人主要是吸引兒童目光，因此，只要他沒有傳遞錯誤訊息或錯誤行為模式，都應被視為是稱職的。

(四)配合度和表現力是製作上的重要考量

製作人在挑選主持人時通常不會設定特別條件，例如具有自然科學背景，只要他能呈現節目就行。在呈現節目上，他的配合度、表現能力，如臺風，是在實際製作上重要的考量。電視作業是速成的，無法要求工作人員必須具備與內容相關的一定知識後，才能參與節目。

專家學者常質疑「大自然教室」為什麼不用一個老一點、有專業感的人？我們的目的就是要讓孩子能跟著電視上的主要人物一起經歷某些事，我們重視的是主持人如何帶領這些經驗，而非具有經驗卻不知如何帶領學習。以登山為例，我們不是要主持人站在山頂上，向孩子招手要他們爬上來，而是在他們身邊鼓勵加油，必要時助他們一臂之力拉拔。

專業主持人仰賴專業環境

臺灣的兒童節目生態太差，製作單位沒有把握有沒有下一季節目做，當然也不會長期簽下一位主持人，如此並沒有機會培養對節目有感情且能熟悉、涉入的人，專注主持一個節目。我們期待一位專業兒童節目主持人之前，必須先努力打造一個專業的兒童節目製作環境。

輔仁大學心理系副教授　林文瑛
資深兒童節目製作人　　郭志強演講／李秀美整理

偶在兒童節目中的應用

　　根據研究，兒童對偶的形象比較容易接受，所以用偶做演出，對兒童的吸引效果比真人好，加上偶有百變的動作，例如要人演出不停翻筋斗的動作是不可能的，但是偶就可以，所以兒童節目在形式設計上幾乎都會想到偶的應用。

　　對偶的喜好仍有年齡上的差異，二歲半以上的小孩會喜歡舞臺表演中的大偶，二歲半前的孩子會害怕比他大的偶，但是隔段距離觀看，或透過螢幕呈現，偶戲是非常吸引幼兒的。國小高年級的兒童知道偶是假的，但是如果劇情內容夠精彩，他們還是覺得偶戲很好看。國中以上的青少年，則開始認定看偶戲是幼稚的。其實偶的種類豐富多彩，如果節目製作者能深入瞭解偶的面貌，並靈活運用，偶自然具有老少咸宜的魅力。

偶的定義

　　人藉著道具（偶）做演出，以另一形象與觀眾接觸，任何能代替演員的道具物品，都可以稱為「偶」。我們常有一錯誤觀念，以為偶一定要有五官、四肢、能開口講話，其實不然。偶可以是抽象的形式，例如拿一個盒子演一隻貓，另一個盒子演一隻狗，牠們可以互相對話、互相動作，重點在於操偶員怎麼給他們的偶一個生命。

　　有時為畫面的美化，或劇情上的需要，我們必須把偶加上眼睛、鼻子、嘴巴，或加上兩根棍子代替它的腿，讓形體更完整的偶，增加演出效果。偶

是多樣的、無限的，我們用想像力創造偶，來代替人的演出，一張平面的紙也能做成恐龍或氣球。然而，偶的設計必須依據表演的需要，才能發揮最大的特性，例如有的偶，頭大得非常誇張，那麼它的表演就是集中在這頭上面。

　　舉個例說，劇情要求從山洞跑出來一隻恐龍，這時不必把恐龍的身體全部做成偶，只要牠的頭非常兇惡的探出來，做一個張開嘴巴的動作就可，因為牠的表演僅這樣，其他身體部分就沒有需要製作。

偶的種類

　　偶的種類很多，它們可以在一個戲裡全部用得上，主角常是能表演比較細膩動作的偶，有些角色則只需能表演單一特殊動作的偶，就能有很好的效果。例如需要一個阿拉伯人偶表演旋轉跳舞，棍棒偶在這動作的表現就缺乏靈活度，如果這段跳舞是重要戲，那麼設計偶時就要選擇適合表現舞蹈動作的偶。

(一)人　偶

　　人偶是人穿著偶裝操作，表情少、肢體動作多。人偶的比例是類似卡通人物的頭大身體小，親和力佳。除了戲劇表演外，還常用於現場宣傳活動。人偶演出的一大缺點是它無法講話，所以會以誇張的動作吸引人，例如它要向孩子道早安，手就要揮很大，頭要一直點。在電視演出上，人偶的演出會受到空間很大的限制，除非有寬敞的攝影棚。而如果節目是人偶戲，那麼所有道具都必須是特製的，來符合人偶的比例，相對的成本比較高。

(二)車輪偶

　　車輪偶是日本古代流傳下來的一種機械木偶，類似能劇的表演，但戲碼已為現代內容。車輪偶的操作方法是人坐在偶後面附有車輪的小板凳上，腳夾住木偶的腳跟，人抬腳時偶跟著抬腳，人往前走偶也跟著往前走；兩手則伸進袖套裡，一隻手握住一根連接它的頭的棍子，藉由線和彈簧操作它的眼睛和脖子，另一隻手表演偶手部的動作。

㈢杖頭偶

杖頭偶不管造型如何，最大的特色就是用一根棍子在偶的下方杖住頭。它可以大到像一棟房子那麼大，小到像一隻小老鼠那麼小，只有頭的部分是實體的，其他全是布材。杖頭偶因為頭部以下輕巧，特別適合於角色有飛天動作時，如果需要操作它的手，可以結合棍棒偶的特色。

㈣執頭偶

執頭偶的支點是頭的後方有一根棒子，其他的部分都是垂下的，演出者抓住偶的頭，如果要它動手，必須操偶者用手抓住偶的手。

㈤機械偶

這是屬於美式的偶，運用到一些機件、氣動、油壓，或者是線控的機械。機械偶大都在電影或電視上演出，製作過程複雜、材質講究，屬於高科技的作品，必須結合機械工程師做設計。國外一些專業的偶劇團研發出來的偶，已經到似真人的地步，可以控制所有的機械，讓偶做出不可思議的動作，如彈鋼琴、騎獨輪車。國內的技術並不是很純熟，能夠做到的是用手控制一些彈簧。

㈥棍棒偶

棍棒偶的特色是開嘴、兩手由兩根鐵絲棍操作。國內電視節目中的偶百分之九十九是棍棒偶。

㈦懸絲偶

懸絲偶是利用懸線來操作偶的頭、手、足關節處，使它能動作。一般來說，懸絲偶操作起來的動作靈活度有限，像是不可能有快跑的動作。但是中國的傀偶是一種精良的懸絲偶，大陸的著名傀偶劇團甚至可以操作偶磨墨、寫毛筆。另一方面，如果透過電視剪輯技術，動作的限制可能被克服。

㈧布袋偶、襪子偶、手套偶

布袋偶、襪子偶、手套偶都是簡單易做的小型偶，當使用它們做演出時，舞臺的空間相對的能有較寬敞的運用。這類型的偶本身能製造的驚奇效果較低，並須搭配好的故事和佈景才會有吸引力，常用於以幼兒為對象的節目。

㈨紙偶（紙娃娃）

　　紙偶的應用情境是，如果偶在劇中只是小小的演出，不是主要角色，也不需要太複雜，就把畫出來的形狀加上小機關或棒子、棍子，成為二度面向(2D)的偶，以在畫面上移動的方式製造動作效果。

㈩皮影戲

　　不僅是中國、東南亞才有皮影戲，在西方也常用皮影偶來演出神話故事。皮影戲的特色是可以利用光影來做出特殊效果，景的搭配上不必考慮景深或遮飾的問題。但是皮影戲的操作有距離的問題，它只能貼著布幕演，離布幕太遠，光影就會模糊；此外，皮影偶也較難克服需要轉彎的動作。西方的皮影戲喜歡利用光影的特性，在幕前呈現出驚奇效果，例如看到一個人被怪獸吞進嘴裡、經過食道、滾進肚子裡的過程。

㈠皮　偶

　　皮偶是以皮為質材所製作出似真人的立體偶，臉部表情可以生動自然地活動，操作方式雷同人偶。皮偶較常用在成人偶戲、政治模仿秀。

㈡特殊用途偶

　　特殊用途偶只做單一動作表演，例如設計出一個脖子可以伸很長的偶，它唯一在劇中的用途是，當劇情需要時把脖子伸得很長很長，再縮回來。有些道具在節目中轉為其他變化，例如一條水管變成一條蛇、一個茶壺蓋子突然蓋子自己打開，開口說話，這些設計都可歸於特殊用途偶。

偶的特性

　　每種偶的功能、成本、大小都不一樣，我們在經費範圍內選擇可能使用的偶，再針對製作方式、演出方式、舞臺搭配、演出應用等決定偶。偶參與演出的是教學節目，或三隻小豬、小美人魚故事，或與主持人搭配，所使用的偶都會不同。

　　每種偶都有它的特性和最能發揮的範圍，例如要示範拿桌上的東西，那麼用手不能動的執頭偶去拿，效果一定不好；又如懸絲偶可以有腿部動作，

像是溜冰、跳舞，但是棍棒偶無法如此操作。製作者瞭解自己想要呈現的是什麼非常重要，有時的做法會是以偶的特性去編寫劇本，避免出現偶無法達到的動作。

偶景的應用

佈景的搭配能讓偶戲的演出相得益彰，如果不希望操偶者穿幫，會運用黑幕表演，操偶者穿著黑衣服在幕後操偶。

佈景分為抽象、平面、實景，如果節目中不需要常常換景，那麼景可以意象式，不刻意像那一種具體的事物；平面景是一些平板景片，通常佈置於舞臺後當作遠景。舞臺前方以實景的應用最恰當，佈置實際具體的道具、草皮，中景、遠景則以景片來節省成本、操作和搭臺的麻煩。

偶戲的佈景可以用景的遠近感來創造景深，例如前景是一片草原，中景是一片樹林，遠景是一座山，就能感受到延伸的空間。

偶在兒童節目中的應用

偶在兒童節目中可以獨挑大樑當主持人，例如「芝麻街」節目中的大鳥，或者再搭配一位兒童一起主持，可達到形象塑造的功效。第二種應用是與主持人搭配，讓偶成為副主持人，可拉近主持人和兒童間的距離，增加節目吸引力。第三種應用是用於三十秒不到的小串場，以較簡單的偶來做一小段即興表演，功能是讓節目能有趣和連續。

大部分偶在節目中是演出故事、短劇、童話；也可以在教學節目中做示範的角色，配合電腦動畫和圖卡解說，兒童較願意觀看教學內容。人偶常用來進行帶動唱表演；而一些特殊的偶只是配合節目需要出現，發出一些音響或使畫面活潑。

偶戲節目備忘錄

國內的偶很注重包裝，但往往包裝過度，與其他條件如表演人才上無法

搭配，可能主角特別漂亮，造型特別特殊、顯眼，但是整體上它也特別突兀。然而，要將偶成功地運用於兒童節目，除了偶的選擇和設計外，製作條件的配合非常重要。

(一)編劇和導演需有導偶戲經驗

好的兒童節目編劇和導演需有偶戲編導經驗，例如節目中使用棍棒偶，但編劇不瞭解棍棒偶的特性，而編寫溜冰、爬山、跑步的戲，那麼執行起來吃力不討好。又編劇如果只是把偶當作是人來寫劇本，很容易會忽略偶的趣味性。

偶戲的取鏡和真人演出的取鏡不同，例如拍棍棒偶卻要求操偶員將偶的腿露出，讓畫面中看到偶的腿，但在操作上，棍棒偶的腿一露出，下半身就只能搖晃，無法運作。又如懸絲偶戲，導演要避免往上取鏡，否則容易穿幫。

(二)舞臺設計與結構需適合偶戲

舞臺設計和結構應考慮偶的進出、操偶員的位置來安排適用的寬度和高度，景愈高攝影機愈不好架，其間需要求適當的配合。理想的偶臺約為一百一十公分高度搭起的景。

(三)專業操偶師需要訓練和排練

事先排練是使用偶很重要的條件。臺灣缺乏專業的操偶員，甚至連劇本事先都沒看過，就當場邊看邊聽邊演，因此偶的反應時間常有延遲。另一方面，如前面提到，國內絕大部分只應用到棍棒偶，其他的偶縱使各有特色也沒有機會製作，操偶員當然缺乏練習操作各式偶的機會。專業的操偶員除了會操偶外，本身也需有肢體柔軟度和演員素養，那麼各種東西一到他手裡都可成為偶，例如拿著遙控器也能當作小狗來演。

(四)偶戲專用的道具不能省略

偶戲專用的道具必須針對偶的特性製作，例如一個杯子，即使所需要的大小和平常的杯子一樣，也得特別製作，而非以真的杯子來使用。這時考慮的因素是道具的重量，真的杯子重量太重，偶不能拿起來或黏在手上。

㈤學習舞臺劇的偶加以改良應用

　　電視節目中大部分的偶是由舞臺偶戲演化而來，但是偶戲團的演出不是即寫即演，而是經過長期排練，每種效果都一再試演。電視節目的偶劇製作技術可向偶戲團學習，配合畫面取境的限制和剪輯效果的增添加以改良，那麼偶很容易成為兒童節目中最受歡迎的角色。

資深製偶師　謝志明演講／李秀美整理

兒童對電視影像的感動

　　美國傳播學者尼爾·波斯特曼(Neil Postman)在1982年寫了一本書叫《童年的消逝》，立論是說電視媒體的出現，打破了過去兒童必須識字、閱讀才能接觸成人世界的界線。做為一個兒童心理臨床工作者，在思索童年是否真的已因電視媒體的出現而消逝時，我會不斷追問一個最根本的問題：到底兒童是什麼？

什麼是兒童

　　這裡有一個故事：

　　十八、九世紀的歐洲有不少流動人口，當時曾紀錄有一個八歲小女孩帶著弟妹逃亡，守關的人要求他們填寫身分資料，問她：「你是兒童嗎?」小女孩問：「兒童是什麼?」當聽到守關員對兒童的描繪（有成人照顧、不需負擔家庭主要責任等）後，小女孩理直氣壯地回答說：「不，我不是兒童。」

　　其實大人就是大人，兒童就是兒童，因為我們接受大人和小孩有所區隔，所以才會去思考什麼是兒童。任何從事與兒童相關行業的工作者，唯有想到這個問題，才能知道我們要給孩子什麼。

　　然而不自覺地，在對這問題的想法裡，我們會太刻板化兒童，認為兒童一定要長得很可愛，一定要非常歡樂。其實兒童是多面的，即使生長在同一個家庭的兄弟姊妹，也都是各有各的形貌個性。兒童是什麼，不是成人界定出來的，而是孩子本身就有他的樣子。

多樣的需求

儿童的需求也是多面的，透過電視節目，我們能給孩子的不僅是熱鬧和知識傳遞。相對於「芝麻街」(Sesame Street)，美國有另一個著名的幼兒節目「羅吉斯先生的鄰居們」(Mr. Rogers' Neighborhood)，這個節目固定的開頭是羅吉斯先生脫衣服、脫皮鞋換上布鞋，片尾則穿上鞋、穿上衣服。這意義一方面是象徵一個開始和一個結束，另一方面也帶來製作者的尊重，表示他慎重地進入舞臺，也慎重地離開，透過電視機與兒童面對面的時候，他是很真實地願意和大家相處。此節目同樣受到兒童的歡迎，可見得孩子是可以接受各種可能的節目內容和形式。

從細節學習

孩子往往比成人更重視生活的細節，他們會向大人述說很細節的事情，例如有一個孩子曾向我說，被人打而生氣和沒有被人打而生氣是不一樣的；也有孩子問我，傳說和聽說有什麼不一樣；另一個小孩堅持有用包裝紙包裝的才是禮物，有一次我送他一件沒有包裝的禮物，他認為我是送他一件東西，不是送他禮物。

孩子常會堅持事情的某些程序不可省略，這是兒童才會有的特質，而成人往往不耐煩兒童對程序的執著。前述那個禮物的例子，會讓人覺得這個兒童很可愛，但是這樣的堅持如果表現在生活細節，例如他一定要完成某些行為，才願意出門，就常成為大人和兒童僵持不下的導火線。

節目主持人羅吉斯先生一定要脫衣服、脫鞋才開始節目的模式，重現了兒童這份被忽視的特質，和他感興趣的動作。成人很少想到現在能輕而易舉完成的事情，所曾經帶給我們的吸引力和學習興趣，例如穿衣服、扣釦子。在門診裡，我發現獨生子女常常挫折感較重，原因即在於他在家裡接觸的爸爸媽媽，任何事都會做得比他好，他無法感受到學習需要的過程。

最樂意談生活

　　我們很少想到孩子在意的事，有時是我比誰會拉拉鍊，我比誰高，他們喜歡互相比較的是生活能力，而不是數理能力。在臨床經驗上，我發現孩子最樂意談的是他生活的東西，因為透過生活他才能長大，這比認知性學習更切身。很多孩子不玩家家酒的玩具，而去拿廚房裡的鍋碗瓢盆來玩。

　　孩子也會從自己的生活出發，去連結他對其他萬物的好奇心，例如他會想：我睡覺要躺下來，那狗怎麼睡覺，紅鶴睡覺用單腳站會不會愈睡愈累。這樣的連結使他們對生物所產生的關懷，不僅是如何照顧寵物而已。相反的，當孩子無法從生活出發去與自己以外的世界接觸，他的投射會是不現實的，開始夢想奇蹟，例如一夜之間，我要成為白雪公主。這時，要引導他重拾對現實生活的感覺，並不容易。

做兒童的生活朋友

　　我們應該讓孩子有機會從電視節目裡接觸到生活，至於呈現形式則可以多元化，來擴寬他們的視野。每個節目都可以營造它的風格，不一定每個節目氣氛都是要活潑熱鬧、色彩鮮豔明亮、內容快樂明朗，但是一定皆須具有豐富性。

　　據我的觀察，國內電視媒體上的兒童節目太不多元了，電視兒童節目研發的題材，應該是教室裡較少討論的範疇，例如愛與被愛怎樣取得平衡，當兒童被愛壓得喘不過氣來的時候，應該怎樣表達、怎樣紓解。電視節目中如果有孩子認同的對象，那麼節目內容就是孩子心理的一種投射，透過這投射，孩子有一種被陪伴的感覺，同時能獲得新的經驗。

過程打動孩子的心

　　新的經驗常是感動的泉源。通常提到感動，令人想到的是賺人熱淚的悲劇，其實感動也是多面的，「羅吉斯先生的鄰居們」播出已超過三十年，節目

中就經常示範感動的經驗，例如有一集示範坐在椅子上配合音樂節奏跳舞，這是一種動作的感動。因此，感動不僅是劇情，不僅是告知，更可以是動作的、視覺的感動經驗。如果電視節目只訴諸劇情來感動觀眾，那麼出版文字就可以了，不必使用影像媒體。既然電視是一個影像媒體，是有連續性的，就可多發揮平面媒體所沒有的影像思考特質。

培養細膩感官經驗

在影像世界裡，所謂的感動，指的應是整體節目所能引起的新的思考和新的觀點。例如製作者想傳達大自然之美，並藉由影像呈現大自然中的綠色有很多種層次，接觸如此精緻的影像，孩子的感官經驗自然隨著變得比較細膩。

現在的兒童看了太多卡通，當然卡通裡也有內容健康的節目，但以影像感動力的觀點，我對卡通最大的意見是它的上色常只有一種，卡通看多了，也帶來孩子的感官變得粗糙的隱憂。有時我會建議感覺遲鈍兒童的父母，就用一種綠色顏料，拿到太陽下觀察，讓兒童自己去感受到不同的綠，原來被陽光照到的綠色會有點黃色感，陰影的部分是墨綠。這樣的過程中，兒童觀察到新的經驗刺激，喚回了感動。

放慢節奏靜下來

每當面對不願學習的孩子時，我最難和他述說的是：什麼是熱情。我們回頭來想，自己為什麼對所做的節目會有熱情，原因可能是使命感，或可能認為它的內容很好，需要保留。孩子看電視時也是感悟到這種熱情，猜想這節目可能很有趣，才會留住目光看一看。

不過，當懷著熱情想進入兒童的內心世界時，我們要冷靜下來，用第三隻眼睛看，呈現給孩子不一樣的觀點。我在臨床上常看到有些孩子，從小到大都在扮演開心果角色，他從來沒有想到我可以在團體中保持安靜，不必去娛樂別人。

　　兒童節目也不一定要喧譁地娛樂兒童。節目的進行速率和意圖呈現的內容息息相關，當節目要呈現的是內在的世界，想觸及的是更多的感受，就必須放慢節奏，孩子才能做好準備，靜下來進入談感受的狀態。例如節目中意圖透過語言，帶兒童去領會身體的感覺，那麼身體的動作過程需要慢一些，節奏太快容易變成介紹身體的認知取向，或介紹動作的技能取向。

先感動自己

　　我們希望孩子能透過他的眼睛自己看到世界，而不是我們看到之後告訴他，這兩者是很不一樣的。要達成前者，我們就必須謙虛一點，認知到自己永遠無法代替孩子的眼光。

　　在從事兒童相關工作時，我們能做到的是分享和感動，或者站在「如果我能再過一次童年，我可以給孩子再多知道什麼？」的立場去做節目，比較能貼近孩子的心。我們不需要去做出完美的節目，只求做出一個比較接近我們心中，最想告訴孩子的節目，如此，我們才會有熱情。

　　因此，在問什麼節目可以感動兒童時，我們可以先問自己被什麼所感動？這感動我的事物美在哪裡？經歷這過程所製作的節目，就已經是好的兒童節目。

婦幼醫院兒童心智科醫師　陳質采演講／李秀美整理

善用媒體讓兒童認識地理

美國兒童地理節目

美國製作了一個兒童節目「神偷卡門在哪裡」(Where in the World is Carmen Sandiego)，以活潑的遊戲競賽方式進行地理教育。美國製作這個節目是有感於該國兒童地理概念薄弱，以美國為全世界，而不知其他國家的人民與環境，惟恐下一代在國際競爭中會居於劣勢。1994年，美國進行國民教育改革，訂立教育美國2000年法案，列出英文、數學、科學、地理、歷史為國民教育五大核心科目。

兒童在學習中總希望有參與感、互動感，如答對了就會聽到歡呼的聲音，答錯了有失望的叫聲等、不期然的意外驚喜，如一隻會開口說話的羊。就媒體設計而言，這個節目成功地讓兒童參與地理學習的樂趣中，但就地理教育的本質，我會質疑地理教育就是記地名嗎？

完整地理教育有四大領域

雖然，這個節目的設計競賽問題中也有部分不單純是猜地名，如：「三分之二面積在極地圈，僅鄰俄國，在俄國東邊，湖泊很多。」就是從景觀、地理位置、自然環境提供線索，讓兒童判斷是在形容哪一個國家（答案：芬蘭）。也有從文化層面描述，如：「當你在加拿大吃早餐穀片時，盒子上除了英文外，還可看到什麼語言？」（答案：法文）地名、位置、自然景觀、文化景觀特色

是一般人所熟悉，並認知到的地理，其實這只是地理的一個面向而已，我們稱之為區域地理。

(一)區域地理

區域地理是地理四大領域之一，主要是認識一個地方或區域的特色。地方和區域的意義不同，地方有明確的範圍，如臺北、高雄、臺灣是地方；區域則是隨特質而劃分，如氣候方面有熱帶氣候區、溫帶氣候區，語文上有法語區、英語區，所以同一地方會依不同分類標準，歸屬於不同的區域。國內中小學的地理課程，即偏重在區域和地方的介紹。

(二)空間分佈

地理第二個面向是空間分佈，主要是瞭解什麼現象在哪裡？為什麼在那裡？例如1996年的賀伯颱風造成全省很多災害，我們把災區在地圖上標出，就可思索哪裡最容易受災，為什麼？

(三)自然環境

第三個面向是自然環境的認識。英國是地理教育最成功的國家，他們所認知的地理是：「關於地球表面的研究。」包括岩石、氣候、水文、生物，著眼點是把地球表面環境當成人所居住的空間。因此地質學者會往地表下進行探勘，但地理學者關心人所生活的地表上家園，例如哪裡會淹水、山崩，什麼是順向坡、單面山、土石流。所以在地理教育中，我們會讓兒童瞭解氣候、地形、水文的基本概念，知道水如何循環？我們有多少水可以用？

(四)人地關係

第四個面向是人地關係的探討，亦即人和土地、環境如何互動、協調、共處的學問。同一地區由不同民族使用，所塑造的景觀就會不同，因此我們常可由旅遊照片的人文景觀判斷出城市、國家，在另一方面，生活在不同國家的華人所聚集的中國城市街景觀都非常相近。

完整的地理學應該讓兒童具備空間觀點，從空間分佈、位置來思考問題，知道如何與生存環境相處，瞭解潛在的災害，以及不同國家與文化的特色。

地理是生活、生態與生產

1996年我在參與「認識臺灣地理篇」的編輯時，編輯小組普遍意識到地理應該是兼顧生活、生態和生產的「三生」觀念。地理知識應和我們的生活息息相關；地理學強調人和環境如何相處，是生態保護重要的基本知識；地理學對於資源、土地的利用開發知識，則和我們的生產、經濟發展息息相關。

美國則提出地理教育應是「終身教育」(life long)，他們認為地理知識不管在工作場合或個人旅遊，都是可終身享用的。地理也是「提昇生活品味」(Life Enhancing)，如果我們對某一國家有地理上的認識，瞭解各種文化上的特色，各種景觀的意義，出國旅遊才能豐富精神層面的生活。地理還是「永續發展」(life substaining)，我們的水資源、土地、農田是後代子孫要繼續享用的，地理探討如何對環境合理開發利用，讓生命可以生生不息，有助於維持地球村的生機。

看「風中奇緣」、「三國志」也可學地理

常用的地理教學媒體是地圖，是紀錄地表各種現象最基本的工具，也是生活中基本的資訊來源。其他還有地球儀，這是最真實的地球模型。此外是遙測衛星影像、航空照片、幻燈片等，甚至音樂、劇情片、電玩遊戲裡也傳達著地理概念。地理學最新的資訊科技是「地理資訊系統」，用電腦處理並分析地圖資料，進一步製作出多元的視覺展示。

這些媒體是中性的工具，如何將其活潑趣味地與課程內容結合，就需要創意。有時普通的遊戲或影片經過適當的導讀，就成為極佳的地理教學工具。如「風中奇緣」動畫片，主題曲「風之彩」描繪大地的顏色，女主角所屬種族把大地上的動植物都視為朋友。劇中也傳達不同種族的土地價值觀，美洲人認為應地盡其利地不斷開發，挖掘礦產黃金，而印地安人心目中的「黃金」則是養活他們的玉米。

生活中到處都有相關的媒體。我曾要求學生做報告，分析市面上用來展

現地形和地圖類型的資料有哪些？各有什麼特色？有一位學生把電動玩具裡所有和地形、地圖有關的畫面剪輯在一起，分析每一遊戲對地形、地圖的展示有何特色？我印象最深刻的是，他竟然侃侃而談「三國志」第一代、第二代、第三代如何展現中國各地地形。

善用媒體認識地理

受到這位學生的觸發，我開始蒐集這類蘊藏地理概念的遊戲。有一片光碟名為 "Simcity 2000"，這是一種角色扮演遊戲，操作者扮演一位城市規劃師，規劃一大片土地上，哪裡要蓋房子？哪裡要開馬路？遊玩中土地利用、地理位置等知識都需要派上用場。我不禁想到，「大富翁」也可以當作認識臺灣的遊戲，丟骰子後，走到臺中會看到臺中的特色，走到旗山能認識旗山的環境。

所以只要我們有心，對地理本質有正確概念後，生活中許多現成媒體都可為地理教育所用。相對的，我們在開發媒體的時候，也能適切的把地理概念融入。

遊戲學地理

目前地理遊戲蠻多元的，有些是加強對地方特色的瞭解，有些是培養對地理工具的熟悉。地理的教育目標可以是非常具體的，它提供我們生活上的基本技能，例如學會判讀地圖後更加認識周遭環境、使用指南針辨識方向。

遊戲隨時可以發生。美國有一地理教學課程範例，設計了一利用身體來認識北極、南極和赤道的活動，他們告訴學生：頭是北極、腳是南極、腰部是赤道，左半邊是西經、右半部是東經，老師說：「摸摸北極。」學生就摸頭部，如此在身體上游移來獲得地理概念。

每個人都喜歡玩，每個人都喜歡探索不同的世界，這就是地理的學習活動之一。地理教育的價值是從個人生活到環境知識，如何將其學習活潑化，需要媒體創意和地理專業的結合。

地理教育要落實在兒童生活經驗中

從事教育時，我們一再強調要 "Teaching by Experience, for Experience, in Experience"，也就是說讓學習者在經驗中學習，所提供的素材是他能感受的、體驗過的，如此才能誘發他的興趣。例如從高空遠距離空拍畫面，涵蓋的範圍廣，對兒童而言，可親近性就會薄弱，加上大部分地區是他不認識的，因此他會失去觀看興趣，相對的，如果介紹的是他去過的地方，他會有興趣進一步去看電視上介紹的和他所看到的有何不同。

因此，地理學習須從兒童鄰近的空間著手。國外兒童地理教育課程，小學一年級先教認識我們的學校、認識我們的社區，三年級是認識我們的縣、市，五年級才開始認識我們的國家，六年級認識世界區域地理，而且也是從鄰近國家開始介紹。

地理是認知的、技能的、情意的

地理有它的知識層面，像是買房子時知道哪裡會有土石流？哪裡是單面山？技能上，地理可以教我們判讀距離遠近、如何在野外辨識方位避免迷路，然而，地理也有情意層面，當我們對一個環境或生態認識後，就會對這環境產生感情，例如認識了筆筒樹的特徵，以後登山、野外旅行會特別找尋筆筒樹。這也是現在我們希望從小進行鄉土教育的原因。

我在國內推廣鄉土教育時，有人問我：「鄉土到底有多大？臺灣是不是我們僅有的鄉土？」我的答案是：「鄉土沒有一定的範圍，能讓你產生生活感情的就是鄉土。」兒童漸大後，他所到的地方愈遠，他的鄉土範圍自然擴大。

以電視節目而言，我們無法僅製作一個節目，就達到讓兒童認識臺灣的目標，但是我們可以先在相關的節目中，傳達正確的地理教育本質和概念，讓兒童對他們成長的土地有所感情。

臺灣大學地理系副教授　賴進貴演講／李秀美整理

黑光劇的光影世界

　　黑光劇顧名思義是有黑黑的光。曾有兒童問我:「什麼是黑黑的光?」我回答:「你來看戲就知道了嘛!」事實上黑光劇並非指一種劇種,它指的是一種不同打光方式、不同燈具和不同戲劇手法的表演,所謂黑光其實是一種紫色燈管所打出的光,在全黑的舞臺上,黑光能消去所有黑色事物的能見性。

造就炫麗光影世界

　　色彩是黑光劇的重要特點,因為惟有螢光色系可以對黑光有感應,在黑暗中反射出豔麗光影世界。色系中只有粉紅色、桃紅色、白色、黃色、橙黃色、綠色六種是有螢光的,杯子劇團運用這六種主色,能調配出五十六種顏色。也由於沒有打黑光用的螢光化妝品,所以黑光劇不採真人演出,而常應用於偶劇。

　　技術上,黑光劇因為完全在黑暗的環境中進行,演出難度高,排練和道具上都得量身訂做,且理想上應看不到背後操偶的黑衣人(戴頭套,身上穿黑絲絨衣服,腳穿腳套,臉罩黑紗網),而只呈現出想要達到的動作和效果。

　　黑光劇的布景有軟景和硬景,軟景指懸掛式或手拿式的景和道具,硬景指立地式或固定式的景和道具。舞臺可大可小,但要求背幕、地幕、兩邊牆幕全部都得是黑色可以吸光的布,以免光線反射上有瑕疵。它最大的魅力在於可以在舞臺上做出各式各樣魔術般的變化,營造出視覺的驚奇效果,例如一棵樹慢慢長高;「白蛇傳」裡白素真由人變成蛇、雷峰塔瞬間出現;馬凌空

而飛等。所有戲劇手法中，惟有黑光劇才能掩飾道具上的機關和操作過程，表現出劇情的神秘莫測感。

演員、技術問題仍待克服

杯子劇團的黑光劇劇碼是以中國故事為題材的兒童劇為主，國外的黑光劇則經常應用在默劇和音樂劇的表演，英國和美國是黑光劇技術發展最先端的國家。英國有一蒲式劇團，是專業的黑光劇劇團，接受政府補助，全家族投入。媽媽、兒子、女兒是演員，爸爸是雕偶師傅。他們甚至擁有一棟專屬的黑光大樓，排練室、製作室全黑，隨時可供練習。

理論上，任何形式的偶都可以用黑光劇的手法演出，但是大型的偶，尤其是懸絲偶，就需要許多人各操作某一部分來共同合作，或有特殊動作的偶，也需要固定一個人操作那個動作。例如杯子劇團曾製作一隻招牌鴨，就動用五個人操作，一個人揹、一個人操作頭部、二個人操作腳、一個人操作手，每次劇碼演出前，招牌鴨都會先出場跳一段舞當作序曲；像「白蛇傳」裡的白蛇甚至需要三十人操作。囿於此，杯子劇團不得不減少大型偶劇，而朝人偶劇發展。儘管如此，一場最克難的黑光劇演出至少也要十五位演員。

因此，國內黑光劇發展遇到的最大難題是演員的匱乏，因為黑光劇演出注重默契，只要換一個演員，就必須花很多時間重複排練。此外，瞭解黑光劇的導演和編劇也是少之又少，如果在編導上對黑光效果不能有所瞭解和掌握，那麼劇情設計就無法彰顯黑光的魅力。

黑光劇比較難克服的是和觀眾的互動，因為演出者戴面具，無法出聲，所以是採事先錄音，現場搭配動作的演出形式。針對此，杯子劇團嘗試研發大型偶，或半面式面具，希望尋求與現場觀眾互動方法。然而，黑光劇保持距離看是很美，一旦過於接近偶，兒童反而會被太炫目希奇的彩飾裝扮嚇到。

兒童欣賞黑光劇的注意力可以持續很久，而且會專注於觀察舞臺上的變化，一般而言一齣戲以六十分鐘長度為最普遍，分二段演出，中場開燈讓觀眾休息十分鐘即可，九十分鐘長度的戲對兒童已是上限，得分三段進行。但

是，有的兒童怕黑，臺上演出時間一久就會著慌、哭鬧，這也是黑光劇必須拿捏得當的要素。

開拓兒童視覺經驗

黑光劇如果要錄影，需要更快速及更高感光度的攝錄影機，否則影像會模糊。針對電視錄影需要，必須補一盞黃色燈泡（屬於白光），然而光度不能太強，避免道具後的黑衣人現形。現場表演猶能看到黑衣人影晃動，錄影後完全看不到，呈現的魔幻效果更神奇。但是，由於燈光掌握必須費時一再嘗試和拿捏，所以黑光劇雖然有很強的視覺效果，卻一直未應用於電視節目。

如果能克服拍攝技術，將一齣黑光戲劇錄成電視節目，讓觀眾瞭解並欣賞黑光劇，是有它開拓兒童視覺經驗的意義。然而，黑光劇究竟適不適合成為電視兒童節目製作的一種形式，還有待探討。黑光劇當然有它視覺上的吸引力，但電視是小螢幕，且觀賞環境是明亮的，觀眾對黑光劇的炫麗與透明感的感受，當然不比現場全黑環境下深刻，而且目前電腦動畫也能創造出魔幻畫面，取代黑光劇的效果。不過，黑光劇在視覺效果上的創造經驗，仍值得供電視節目工作者參考。

資深劇場工作者　張幸智演講／李秀美整理

如何為孩子解釋新聞

新聞沒有分級

臺灣的電視新聞隨著科技的變革，近年來做了很大的改變和突破。1994年之前我們只有三家電視臺，現在我們有七、八十家電視臺在經營頻道。有線電視頻道採取分級付費，而網際網路也會透過網絡電話把新聞進到家裡，未來我們在電腦上看到的電視新聞會愈來愈多，而且是跨國界。

事實上，現在電視新聞並沒有考慮分級、分年齡層製作，因此，它的內容基本上是以成人為主。可是在家庭裡，電視新聞通常是全家一起看，包括十五歲以下的青少年和兒童都會看得到，所以在家收看電視新聞，如果有孩子在場，常會有一些理解上的困擾。這是很多家庭都會發生的，包括我自己和兒子一起看新聞的時候，都得花時間為他們解釋，也感受到孩子們對新聞都會有一些意見。

深度新聞收視率掛零

臺灣現在的電視新聞，最大的弊病就是商業化及嚴重的社會新聞取向，新聞人都知道它是個問題，可是改不了。電視臺必須或被迫重視社會新聞的原因其實很簡單，就是收視率的壓力。目前大家最常引用的收視率調查，是尼爾森收視率調查公司所採用的人錄器(peoplemeter)結果，簡稱 "SRT"。

抽樣上，這家公司現在的樣本數是六百，而全臺灣有兩千一百萬人，以

五百萬戶計，抽六百戶，只佔萬分之一比例。至於樣本結構，我相信臺北市教育程度較高或是收入較多的家庭，通常不願意為每月二千元的酬金成為樣本，因此這六百戶家庭可能偏向中下階層。電視新聞裡如果討論深度的議題，或內容提出分析性的說明，甚至國際動態，那麼反映出來的收視率幾乎是零，可是如果記者把一件槍擊案做得非常血腥，收視率明顯衝高，這是電視新聞走上社會新聞的要因。TVBS-N經常高居有線頻道電視新聞收視率第一，次高的往往是專做社會新聞的SETN。

某家大企業是電視臺七點新聞的大客戶，有一次餐敘，這個公司的老闆直接告訴電視臺總經理不要做社會新聞，該公司還是會上廣告，因為如果廣告後接一個槍殺新聞，對該公司的形象並不好。結果這位電視公司的總經理回去後，就把這個意見交待下去，但是業務部的說法是，如果多做社會新聞，該公司的廣告被看到的頻率較高。電視公司的總經理也沒辦法，只好轉答這個客戶，這個老闆也只好認了。

晚間新聞前二十分鐘不要看

臺灣媒體商業化的導向很強烈，沒有一個電視新聞的頻道是專門設計給兒童的，因為廣告難拉，張海虹、柯志恩曾經製播過兒童新聞性節目，最後仍無法支撐。在臺灣討論兒童新聞的問題，從某個角度上來看是比較悲觀的，但是我又看到另外一種現象是不錯的。過去這幾年我一直在中國大陸、香港、臺灣三地工作，其實華語新聞裡，臺灣的活潑度和創意的空間是最大的，它的新聞節目發展和生存也很強，因此我認為未來專門對兒童做電視新聞還是有可能，也有辦法生存。中國大陸有兒童新聞，我確定它是賠錢的，不過他們認為支持這類節目是政府的責任。

短期內臺灣的電視新聞生態難以改變，在這樣的環境下，我建議如果親子一起看七點的晚間新聞，前十五至二十分鐘不要讓孩子看，因為這時段大部分是社會新聞。七點二十分以後的民生新聞、生物新知、文化藝術新聞、氣象新聞等，可以選擇來和孩子討論。以我自己觀察的經驗，十歲以下的小

孩對新聞的注意力不大，十歲以後發問會比較多，適度讓中高年級孩子看某些類別的新聞，可以幫助他對臺灣的社會脈動有所瞭解。討論的題材選擇很重要，這可以針對孩子的個性，觀察哪些議題較常引起他的興趣。

孩子主動發問不要逃避

當一件大新聞報導量多到一定程度後，如果孩子主動問問題，即使是社會新聞，也應該稍微跟他解釋一下，讓他瞭解新聞中的人為什麼要做這件事，但是不必說太多，以免孩子恐慌。臺灣的政治新聞很多，偶爾應適度的選一些政治新聞跟孩子討論，因為這是對國家的基本認識。父母最棘手的可能是新聞裡的兩性行為，雖然這是孩子的感情世界還未觸及的部分，仍可以從父母、異性手足間的關係，以及異性同學的相處等角度引導他們，不過情境可能需要經過設計。

有人問過我，讓孩子看到部分社會新聞的殘酷面，讓他體會真實的世界好不好？我覺得要循序漸進。當然也有人認為讓他完全看到也是一種教育方式，以荷蘭為例，荷蘭人認為小孩子不能在溫室裡長大，由於荷蘭很小，所以荷蘭人積極培養下一代的世界觀，他們的兒童新聞甚至報導以巴的戰爭衝突。然而我贊成還是要經過挑選，考慮孩子個別的承受度。

十三至十七歲的青少年要是能跟父母討論，好處在於他有一個談話對象，不是每天只有一個話題就是「功課做了沒？」以新聞當作親子話題，從教育的觀點也有必要，因為現在孩子得到資訊的管道非常多，適度的討論可以知道他瞭解多少，從另一個角度，是幫助我們認識下一代世界的變化，而在討論過程有時候也形成孩子對事情的看法。

兒童新聞不能只是成人新聞加工

中國大陸新聞很樣板，它的兒童節目卻做得不錯，我們也有兒童節目，但是中國大陸願意把錢花在兒童節目上，臺灣則好像連這部分也愈來愈難。臺灣主播講話速度快，如果是對孩子報新聞，講話速度一定要慢，加上用詞

和取材不同，所以製作兒童新聞必須是專職，不能只剪輯成人新聞採訪的影片加工。兒童新聞並非不可能，世界上已有近二十個國家這麼做，只是一定要有一個基金會（如廣電基金會）協助，不然困難重重。

身為一個新聞工作者，我面對的是變化性高的工作挑戰，壓迫感很重，工作時間長，工作量多，想要突破現狀，但力不從心。如果社會上有愈來愈多的人能挺身發言，把對電視新聞煽色腥氾濫的不滿說出來，這遲早會是一個運動。這種運動也許不是那麼大，仍會逼迫所有做電視的人去改變，因為電視新聞也需要觀眾才能生存，觀眾施壓到一定程度之後，就會改變。

談兒童新聞或許言之過早，但是如果電視新聞裡的暴力色情少一些，對兒童就是很大的福音，做為父母，我們應當共同努力。

資深新聞從業人員　何善溪演講／李秀美整理

如何陪孩子看兒童節目

　　在電視界存在著許多矛盾現象，例如美國小兒科學會（American Academy of Pediatrics，簡稱AAP）以看太多電視，對幼兒腦部發展有負面影響，極力提出警告，避免讓兩歲以下的孩子看電視。但是，一向以節目前置研究嚴謹著稱的日本NHK電視臺，卻組成研發小組，積極針對兩歲以下兒童開發新節目。因為他們的研究發現，收看NHK兒童節目有助於孩子提早學習，而兩歲以下的兒童幾乎都已是電視觀眾，應該有屬於他們的節目。

　　電視改變了傳統兒童獲得知識的方式。在印刷媒體時代，兒童經由閱讀所得的訊息，大致與他的識字能力相符。然而，電視出現後，五歲孩子和四十歲成人，只要按鈕就看到相同的畫面，旁白取代了識字能力的區隔，兒童能夠接收到的訊息幾乎與成人無異。電視所帶來的學習方式變革，對兒童是好是壞，一項很重要的影響機制是：父母有沒有陪孩子看電視？它的影響力大於兒童看了什麼節目。

不要讓孩子陪父母看電視

　　據政大廣電系吳翠珍教授，1998年所完成的一項家庭收視觀察報告，國內只有2%的兒童最喜歡看的電視節目是兒童節目，且超過半數的兒童幾乎不看兒童節目。研究亦發現，收看連續劇、新聞、綜藝節目時多半是全家共賞，惟有兒童節目，大多數兒童是與同伴一起觀賞，或獨自坐在電視機前。這現象似乎理所當然：「兒童節目嘛！本來就是給小孩看的，不是給大人看的。」

因此，大人們自然讓孩子自己看兒童節目。

　　然而，一個有趣的對照現象是，據《天下雜誌》1999年的教育調查，臺灣有近七成的父母回答，自己經常陪孩子看電視。這些父母們陪孩子看些什麼節目呢？怎麼陪？調查中沒有進一步探討。不過，前項的家庭收視觀察則有另一發現，兒童最常看連續劇和綜藝節目，最主要原因是「大人在看」，所以小孩陪著大人看。息息相關地，兒童回答最喜歡看的電視節目正是綜藝節目和連續劇。

　　這種「孩子陪父母看電視」的親子共視型態，顯然無法改變我們引以為憂的兒童收視習慣和品味。當親子共視型態，能轉變為父母陪孩子看屬於他們的兒童節目，「看電視」就能夠成為有益的家庭休閒娛樂。

善用電視教育角色

　　傳播教育學者波爾曼(E. Palmer)和道爾(A. Dorr)認為，電視具有教育家、暴力者和販賣商三張臉，一般我們較消極地重視防堵電視對兒童暴力的汙染，和廣告販賣商品的誘惑，卻缺乏鼓勵電視從業人員，積極地發揮教育者的角色。 一如傳播媒介學者麥克魯漢(M. Mcluhan)所言：「電視是人類感官的延伸」，它可以讓孩子在家中就能看到太空梭升空，看到小小的螞蟻如何通力合作，維護家園。善加利用電視，「看電視」能夠拓展孩子的經驗領域。

　　國內電視頻道中，不乏富有寓教於樂口碑的兒童節目，例如發現頻道(Discovery)特別針對兒童開闢的Discovery Kids節目。電視問世後，即迅速成為家庭中主要的娛樂媒介，我們不需要把電視從窗口丟出家外，而可以好好地接納它、認識它，使它成為孩子的另一扇學習窗口。

和孩子一起看兒童節目

　　下列幾項建議，能有效協助父母，建立親子間一起收看兒童節目的默契：
㈠列出節目清單
　　共同觀賞電視節目是親情交流的時候，陪孩子看兒童節目可以當作給孩

子的一份情感禮物。但是禮物要給得適時適當，必須掌握「看有限量的時間」、「看經過選擇的節目」兩大前提下進行。

做法上，平常即與孩子討論，明白規定看電視的上限時數，並瞭解他平時收視的兒童節目，加上父母推薦的節目，列出可供收視選擇的節目清單。

㈡找出送禮物的理由

找出孩子具體的良好表現，以鼓勵方式告訴他：「你今天某某表現很好，媽媽（爸爸）陪你看半小時電視，由你來選擇節目。」如果考慮到孩子可能不願意父母陪伴，則可說：「你今天某某表現很好，可以看半小時電視，想看哪個節目你自己選。」然後在他看電視時，主動一起觀看，必要時，一句：「媽媽（爸爸）也想看。」往往能暫時安撫孩子疑惑的眼神。

如果他選擇的不是你推薦的節目，沒關係，父母是杜絕孩子受到節目不良影響的最佳濾淨器。

㈢做個被動的共視者

電視教育和學校教育最大的不同，是看電視不需要接受學習評量，孩子可以在放鬆狀態下，潛移默化地學習。所以陪孩子看節目時，不必急著發問、引導，讓他有主動問你的機會。不必要孩子專心，也許他只想在你身邊，感受被陪的幸福感。他可能一下子就轉移目標，從事別的活動，卻讓電視機開著，沒關係，順其自然吧！不要因為「反正他不看了」就走開。

㈣給孩子適應時間

如果孩子自顧自地看著電視，完全不和你交談，沒關係，他只是還不習慣爸媽陪他看兒童節目，甚至不相信爸媽會陪他看這類節目。給孩子適應的時間，趁機從旁觀察他看節目時的反應，瞭解他所看節目的內容。陪過二次以後，鮮少有孩子忍得住不和身邊的共視者談論節目。只要開始有話題，濾淨器的功能就自然啟動了。

㈤進行延伸活動

節目播出完畢，關上電視後，不要立即離開，中斷已建立的話題和親情交流。和孩子聊一聊節目主題，設計延伸活動，例如唱唱剛才從節目中學來

的歌、做做美勞，找一本介紹太空梭的書來讀或上網查資料，一起到外面尋找螞蟻窩。如果孩子對延伸活動不感興趣，沒關係，請他去完成今天該完成的事。但是，千萬不要答應再打開電視，讓他看下一個節目。

兒童節目是最佳親子節目

重視兒童節目是世界潮流，美國、英國、日本都有製作三十五年以上的兒童節目，看此節目長大的小孩，為人父母後，與孩子再一起收看這節目，彼此的共同經驗更加能夠催化親子互動。一個長期經營的兒童節目其實就是最好的親子節目，它讓這一代的親子有交談話題，讓下一代的親子有共同記憶。

在實務運作上，國內的電視兒童節目經費短絀、專業人才不足、播出時段欠妥等問題，仍有待克服。我相信，透過父母以陪伴鼓勵兒童看兒童節目，國內兒童節目的收視率一定大有起色。

近二年來，我常聽到家長對我說他的孩子喜歡看公共電視、迪士尼頻道、東森幼幼臺，甚至NHK的某個兒童節目，我聽了滿心歡喜，因為父母知道孩子收看了哪個節目，是兒童節目能夠進步的最大動力啊！

卡通看多多，腦袋變空空

　　幾年前報上有一則新聞，報導國小兒童最流行在畢業紀念冊上留什麼話，有一首打油詩令我至今印象深刻：「人生到頭皆是空，讀書何必太用功，放學回到家中坐，打開電視看卡通。」

　　的確，根據調查，兒童最喜歡的電視節目是卡通，最常看的電視節目也是卡通。而在媒體提供的屬於兒童觀賞的節目方面，據電研會委託政大廣電系吳翠珍教授的研究調查，保守估計民國73年到83年，三家電視臺播出的卡通節目有6,791小時，非卡通的兒童節目僅3,563小時，換句話說，近十年來，電視卡通與非卡通節目量的比例是二比一。

卡通節目不等於兒童節目

　　這個比例在電子媒體開放後，已經是個太樂觀的統計。報紙上整整占滿一頁篇幅的電視菜單中，以兒童為收視對象的有線電視頻道，如TNT、Cartoon Network和迪士尼，節目內容幾乎全為卡通。而三家無線電視因應兒童觀眾流失的對策是，推出新的卡通並猛打廣告。原先每天四點到六點的兒童節目時段，漸漸被卡通所取代，卡通甚至擴展它的勢力範圍至晚上九點以後的黃金時段。

　　電視臺最流行的一句話是滿足觀眾的需求。一群關心自己收視權利的兒童們，曾經在電研會舉辦的座談會中，提出對電視節目的意見，要求電視臺能多播一些適合兒童觀賞的節目，像是卡通、科學、益智、旅遊休閒、民俗

活動，並希望八點檔能以溫馨、闔家觀賞為宜。乍看之下，電視臺在量的方面似乎重視兒童收視群，正滿足他們多一點兒童節目的需求，但是在質的內容方面，兒童滿足了嗎？

在兒童表達的需求中，卡通是節目的一種呈現形式，因為有突出的虛構角色、誇張的肢體動作，加上迅速的節奏和特殊的音效，一向最能吸引兒童的注意力。至於內容，兒童的喜愛則非常地廣泛。卡通可以包裝任何形式的內容，但是並非所有的內容都必需，或皆適合用卡通形式包裝。因此我們有一連串的疑問，為什麼電視臺選擇播放大量的卡通？為什麼能上黃金時段的兒童節目是卡通？這些卡通的內容是些什麼？孩子們看多了卡通有什麼影響？

電視臺所播出的卡通影片片源，絕大多數購自美國與日本，二萬元可以買到半小時的節目，即使再花貴一點的錢買暢銷的卡通，與自製兒童節目的費用相比，可以說是「便宜又大碗」，如果放在黃金時段，只要播出十秒廣告就可以回收成本，更符合「以最少的錢，獲得最大利益」的商業原則。以賺錢為目的的商業電視臺，自然抗拒不了卡通的利多魅力。

卡通暴力化令人憂心

長久以來卡通最受注目的，是它的暴力內容。國內電視臺近十年來端出的卡通大餐，據電研會委託案統計，即有高達32.7%是以戰士、金剛及超人等角色為作料，強化「正義／邪惡」以武力打擊壞人的暴力味道。

傳播學者指出，非真人演出的暴力角色，最容易引起兒童的模仿行為，尤其對分辨真實與虛幻能力薄弱的幼兒影響尤烈。而即使兒童能辨別卡通的虛構情境在真實生活中不可能出現，看多了被踩扁或慘揍後還能安然無事的卡通化施暴結果，也會產生「揍一下沒有關係」的解禁作用。至於大多數不會對別人施暴的兒童，則對暴力畫面已經麻木，以為「社會上真的充滿暴力」。

美國一位傳播學者費巴許，一向獨排眾議，聲稱電視暴力具有滌化的作用，能讓觀眾宣洩想動粗的欲望，而不至於真的有暴力行為。但提到卡通的暴力問題，連費巴許(Feshbach)都憂心忡忡說：「我對電視暴力影響的研究應

該有所限制……我允許自己的小孩看暴力電視，但絕不許他們看暴力卡通。」可見卡通暴力化的嚴重性。

卡通傳達偏頗的知識和文化

至於其他67.3%的非暴力卡通是否對兒童有益呢？ 姑且不論這些卡通在價值傾向上，有「男生強、女生弱」的性別刻板印象、缺乏社會關懷、傳遞簡單的因果報應等問題，卡通對兒童的影響，最顯而易見的就是作息時間的分配，為了看卡通，充實知識、遊玩休閒的時間都被挪用了，最後甚至看成四眼田雞，影響健康。

另一方面，研究指出，看電視雖然對兒童字彙的理解、句型的變換、表達能力和聽力方面都有積極性的影響，但是如果電視內容貧乏，長期看電視的兒童在認知發展上的優勢，會在進入學校的正式學習系統後，逐漸轉為劣勢。卡通的形式以快節奏和聲光效果見長，只能包裝簡單的內容。雖然簡單不一定代表無用，但是進一步以訊息處理理論的觀點來看，兒童能在腦海裡處理的資訊量很小，如果進入腦海中的動作和音效等無意義資訊過多，相對的，能處理有意義訊息的空間所剩無幾。可想而知，如果兒童長期接觸卡通形式的節目，得到的將是貧乏的知識。

另一項隱憂是，這些卡通傳遞的是美國與日本的價值觀念、思考模式和自以為優勢的文化。在電視臺播出的卡通中，保衛地球的是美國人和日本人，未來科技最發達、社會最進步的也是他們。雖然語言經過翻譯，但是從建築場景到飲食、衣著都純粹是美式和日式風格。以傳播媒體建構人們腦海中圖像的能力，兒童再經由卡通所建構的文化認同，已經不是自己的本土文化，他們的世界觀，也以美國和日本為中心。

給孩子真正需要的節目

我們真應該擔心，這一代的孩子放學回家打開電視，真的只能看卡通，他腦海裡的知識愈來愈空，他對自己的生長環境認識愈來愈模糊，那麼他的

人生不免也是空洞的了。我們應該群起拒絕商業電視臺以卡通充當兒童節目，要求他們真正滿足兒童在節目內容上的需求。

節日篇

與媽媽同樂

（日本——幼兒生活教育）

「與媽媽同樂」是日本NHK製作的節目，NHK亞洲臺安排於每週一至週日，中午十二時至下午二時間播出半小時。此時段可供不上學的幼兒在家與家長共賞，也可讓幼稚園老師在校引導幼兒觀看。

世界兒童節目元老

這個節目於1959年即開始製播，當時仍是黑白電視時代，可說是現有世界兒童節目中相當元老級的節目，甚至比被喻為兒童節目模範生的美國「芝麻街」（1969年推出第一季）長壽。1965年，彩色電視節目在日本正式開播，該節目才進入彩色時代。節目每集播出二十五分鐘，以雜誌型呈現；主要型態包括人偶及布偶短劇、動畫、歌唱與遊戲、真人韻律與歌舞秀、真人示範（刷牙、穿衣、洗澡）等，且隨著技術發展，運用黑光劇、電腦畫面合成等技巧豐富節目形式；並採行良好的互動設計，引導電視機前幼兒一起做，提高參與程度。

幫孩子提早做準備

早期節目主要宗旨是協助六歲以下幼兒做好進入小學的準備，主要目標觀眾鎖定四至五歲幼兒，希望增進他們的社會認知、自理行為、情意生活，並激發其想像力。隨後，根據1970年代中期以後的日本兒童收視調查資料得

知，三歲以上兒童多已進入幼稚園，白天在家兒童觀眾以二至三歲幼兒為主。因此，節目的主要目標對象調整為二至三歲，製作方向及內容大幅度調整，以符合在家中幼兒（三歲以下）的需要。

另一方面，收視調查也顯示，一至二歲幼兒最常看的節目是「與媽媽同樂」，研究且發現在日本，四至五個月大的嬰兒已開始接觸電視；到了十至十一個月的嬰兒已經幾乎都看過電視；一歲大的幼兒會跟著節目做韻律活動；一歲半至二歲會模仿電視中的歌唱和語言。因此，1978年起，NHK結合該節目的製作人、傳播文化研究院、發展心理學家、教學專家成立「兩歲兒童電視節目研究計畫小組」，希望以研究結果，做為設計節目新型態和單元開發的依據，探測為更小的幼兒製作節目的可能性。

製作用心至勤

這個小組進行的研究包括：幼兒對原節目中的生活自理單元是否感興趣、對故事類內容的注意和理解能力、對八○年代新推出瑜伽單元的模仿行為等。其中最大規模的研究計畫是1984年起研發的新動畫型態節目內容，不僅角色的造型、動作、表情設計都徵詢幼兒的反應而定，連角色的名字都是研究人員分析兒歌的常用字，運用最常出現的字詞，配合角色特質命名。1986年，該動畫系列於節目中推出後，果然大受歡迎。

「與媽媽同樂」的製作團隊不斷推陳出新，因此節目單元內容常有新的設計，目前一集節目中約有十二個單元，但半數為歌唱。節目流程上，首先是四個動物人偶的生活劇；然後是一位中年男主持人介紹與食物相關的東西，並引出一段動畫，主要角色是擬人化的湯匙小女孩和杯子小男孩，利用餐具特性趣味化孩童間相處小故事；接著是布偶劇，男主持人有時出現串場；再來是行之有年的生活自理單元，由幼兒示範穿衣；隨後是欣賞彩帶舞，由一位中國血統的大姊姊帶著一位幼兒舞弄彩帶；其後是連續的律動歌唱，五十位以上的幼兒在棚內隨興跟著年輕的男女主持人唱歌、擺動肢體，其間穿插著專業表演人的歌舞；最後動物人偶出現棚內，和孩子們唱片尾曲道別。

不斷修正

　　整體而言，該節目的速率中等，單元間的銜接節奏卻很緊湊；畫面背景非常單純，偶劇的場景和道具都不強調炫麗，動畫角色和配件也以簡易線條勾勒出形象而已；棚內律動平凡如一般幼稚園的活動，或親子在家的互動唱歌方式，且設計每集固定唱的歌；然而在成人表演歌舞時，會以電腦合成技術創造視覺驚奇；在音效上則很少出現特別的聲音設計。此節目的生活化與平實性，呈現出與「芝麻街」迥異的雜誌型節目風格。

　　該節目製作人參加1998年三月在倫敦舉行的第二屆世界兒童電視高峰會議時表示，目前「與媽媽同樂」節目的目標觀眾是設定在零至五歲，主要宗旨是建立幼兒的自信心，讓孩子知道他有哪些能力，也讓父母知道孩子能做到這些事。他們要求製作團隊的成員要對收視對象有所瞭解，據稱，該節目的編劇甚至得在錄製現場，邊觀察孩童反應邊寫劇本，或是當場修改劇本。

精神可佩

　　姑且不論製作節目給二歲以下兒童觀看，教三歲以下孩子瑜伽等節目點子，是否過於矯枉過正，過於「瘋狂」，但製作單位依據調查發現來做決定，並在做決定之後，仍不斷進行調查來修正方向的製作態度，不得不令人佩服他們，對製作一優良兒童節目所投入的「瘋狂」精神。

天線寶寶

（英國——幼兒生活教育）

英國的幼兒節目「天線寶寶」(Teletubbies)自1997年3月在BBC 2頻道播出以來，使得節目中四個造型簡單、顏色鮮明的藍紅黃綠寶寶，成為英國幼兒最想要的「枕邊人」。一向滿足於做好節目給自家人看的BBC，破天荒地以積極行動促銷節目，賣出近三十個國家的版權，「天線寶寶」的魅力電波已在短短二年中，放送及全世界各主要角落。國內公共電視臺在1999年7月也加入「天線寶寶」一族中，於每週一至週五帶狀播出，並籌備拍攝國內零至五歲兒童的真實生活紀錄片，以融入節目中，增加該節目的本土性。

一如七〇年代教育界對「芝麻街」的爭論，「天線寶寶」也引起電視兒童節目教育與娛樂比重的質疑，回響愈大愈證明它是一個成功的節目。本文在說明「天線寶寶」的製作單位Ragdoll，如何為慣於收視電視的兒童，進行研究和企畫一個以兒童為本位的節目。

節目誕生於生活觀察

「天線寶寶」的構想來自製作人對兒童生活的兩項觀察：

1. 現代的兒童大多在機械式的說話聲中成長，從嬰兒鬧鐘到洗衣機、汽車音響，兒童四周充斥著機械音源，其中電視是最神奇的說話機器。

2. 絕大多數兒童喜歡有個玩具朋友——洋娃娃或泰迪熊。

因此，製作單位把幼兒對電器(tele)和泰迪熊(teddy)的感受湊合在一起，原本預定的節目名稱為 "Teleteddies"，後來因商標和著作權問題，才改名為 "Teletubbies"。

觀察帶來無限的發現。製作人伍德安(Anne Wood)說：「和孩子相處，我們重新改觀了對三歲孩子的想法和情感。」她發現：「兒童周遭充滿對他們說話的聲音，但是他們有一股在熟悉而感覺舒適的環境裡，被傾聽的深深需求。」因此，她想到以貼心的玩具為主角的兒童節目點子。她認為天線寶寶不是人偶，而是等待和孩子一起玩的玩具，他們不像美國的邦尼(Barney)一樣，明顯地被看出裡面裝進了一個人在蹦蹦跳跳。所以，製作單位稱「天線寶寶」的節目內容是「玩具的故事」，而且這四個寶寶只曉得玩，兒童觀眾一看就能接受，因為玩具寶寶們會做的事不比他們多。

玩是兒童學理論的基礎

有了構想後，Ragdoll著手以嚴謹的研究，有系統地觀察學齡前兒童對周遭環境和電視節目的反應，也觀察他們收視Ragdoll其他兒童節目的情形。研究人員和實際上照顧幼兒的成人交談，並注意成人和兒童如何在Ragdoll書店的遊戲區裡一起玩。這些紀錄在後來都提供「天線寶寶」許多形式設計的點子。此外，還有一批來自語言、演說、數字、多元文化主義和遊戲團體帶領等不同領域，超過十位以上的專家，密切參與節目各階段的研發過程。

研究人員發現，幼小的孩子最常做的一件事就是「玩」，他們也有很多時間可以玩。伍德安發現：「情意的呈現可能會遇到一些麻煩，因為孩子們想要看到他們的經驗所引起的反應，做為他們探索自我的部分。」但是，伍德安不願意預設成人的反應，來告知孩子什麼是正確的行為。她認為「玩」是學習的必須技能，所以 "Teletubbies" 藉由玩，來協助兒童加強資訊歸類、關係理解、同伴辨明等認知技巧。顧問們的建議則是：所有發展的中心面向——健康、社會、情感、語意、認知、自信和自尊、想像與好奇，皆能在「玩」中被誘發。因此，伍德安企圖在兒童必要的基礎發展過程上，整合各企畫與製

作元素，製作一個玩心很重的兒童節目。

研究方法

在節目企畫之初，研究人員規畫了托兒所測試的時間表，並持續至節目播出為止。研究目的是確認節目的觀念和形式如何吸引並維持兒童的注意。研究過程如下：

1. 在郊區和城市各不同經濟等級的區域，選出七所托兒所和二戶家庭（每月更換），做為測試對象。

2. 兒童每週看二次節目，並將觀看情形錄影，家長與托兒所的老師亦須配合填寫紀錄單，提供他們對現場幼兒反應的意見。

3. 節目帶和觀察帶在每週末送回Ragdoll，由研究人員解讀後，將好的與不好的反應觀察結果都彙報予製作人與首席編劇。

4. 兒童反應不佳的片段整段抽離，將反應良好的片段保留，剪輯成播出版本。

5. 節目開始播出後，研究人員在Ragdoll書店裡觀測兒童收視反應，並與父母交談，提供最後製作階段重要的回饋訊息，並整合入續集的企畫和編劇中。

製作方法

研究結果強烈地影響製作方法，並累積Ragdoll對兒童節目的製作經驗。下列例子說明「天線寶寶」如何在節目中應用研究結果：

研究層面	製作層面
幼兒喜歡一而再、再而三地反覆看同一新奇的事物，以充分的時間來欣賞自己的新發現，並一再重溫驚奇的心情。	◆每集節目有一個核心主題，並不斷重複這主題。 ◆真實生活影片連接著播放二次。
幼兒不能同時看、聽和吸收訊息。幼兒一旦專注於遊玩，往往聽不到大人呼喚的聲音。	◆節目中有驚奇的動作時，往往不搭併旁白的聲音，將空間保留給孩子，讓他們能向電視回話、互動。
幼兒必須發展出時間序列意識和空間分布知覺，才能預測節目內容，而預測節目內容是他們看電視的最大樂趣。	◆節目以詩和散文風格呈現，從頭至尾都以孩子能跟得上的溫和速率，引導他們進入節目進行的內容中。
為年幼兒童製作節目，鏡頭必須維持很長時間，孩子才能瞭解所發生的事。	◆節目中前景、背景的鏡頭常是靜態的，只有角色在動作。
幼兒喜歡聽小孩子的聲音，甚於成人的配音。	◆受過語言治療訓練的首席編劇Andy Davenport發展了一套「類兒童語言」的電報式臺詞，如：「嗨」、「拜拜」、「這是什麼?」、「喔喔」。 ◆設計一個傳聲喇叭，傳送成人清晰的說話聲，天線寶寶們從喇叭中聽到新的字彙會高興地模仿覆述。 ◆以紀錄式影片呈現孩子的真實生活。
幼兒喜歡在熟悉的生活規律中發現驚奇。	◆天線寶寶們的世界充滿驚奇，反映孩子從多角度發現自己與他們世界的能力。 ◆節目中設計五個動畫奇幻畫面，輪替在每天的節目中出現： 1.一隻泰迪熊在空中進行的宴會中享樂。 2.兩兩成雙的動物遊行隊伍。 3.三艘船鳴響汽笛聲啟航。 4.一個會唱歌的布偶，從有四個窗戶的房子的任一窗戶現身。 5.一棵有五個分枝、停著五隻小鳥的樹。

形式設計

　　「天線寶寶」的形式設計也和研究結果息息相關，主要有三個元素：

㈠天線寶寶的世界

　　「寶寶之家」是天線寶寶們生活的環境，採搭設場景，主要包括節目開頭出現微笑的嬰兒太陽由「甜蜜之家山坡」下沉、友善的真空除塵器「諾諾」，和寶寶們最喜愛的玩具獅子和熊。研究發現，幼兒能辨認出這個節目，主要是因為知道這些角色。

　　天線寶寶們一起在屋內吃烤餅和乳凍、玩玩具，當遊戲時間來臨，他們到戶外坡地上，唱、跳、和傳聲喇叭呼應。觀眾可以隨著天線寶寶們的活動，探索基本概念，如：距離、大小、比例、方向。

㈡真實世界

　　每集有三至四分鐘的真實影片，呈現孩子每天生活裡所做的事，由天線寶寶們肚子上的螢幕播放。內容涵蓋幼兒廣泛的生活經驗：自助、助人、玩、移動、發現和學習簡單的科學和數學、認識動物和他們的世界等。例如一個六歲女孩看父親裝貨到卡車上、一群四、五歲男孩用水管幫農場上的豬洗澡、一個五歲小女孩照顧她的小馬、一個三歲小男孩幫父親為腳踏車打氣。所有的片段都在托兒所測試過，以確認孩子喜歡這些內容。孩子看到電視上熟悉的生活經驗，並認知到它和自己生活經驗的關係，他們會知道可能將發生什麼事，因此樂於學習預測，以及批判性的思考。

㈢真實與虛幻的連結

　　神奇的風車轉變節目中驚奇的狀態或動畫奇幻畫面。微笑的嬰兒太陽也是節目連結的設計，他會對「寶寶之家」發生的事做反應，並總是認為寶寶們所做的事很有趣。傳聲喇叭則帶來真實世界的聲音。

兒童本位與成人本位雙贏

　　善用研究是企畫特別針對幼兒製作的節目最重要的部分。製作人伍德安

相信:「將兒童置於中心,能幫助他們建立自尊和自信,並鼓動他們的好奇心。」不過,該節目能廣受歡迎,還是因為它先引起成人的青睞,產生推波助瀾的力量。兒童和成人看節目的出發點不同,但是「天線寶寶」分別滿足了他們的需求:

兒童本位的觀點	成人本位的觀點
很好玩。	純真而充滿樂趣。
裡面的小孩自信、好奇、充滿樂趣。	能發展孩子的思考技巧,並鼓勵他們聽、說、參與、預測、建立對世界的知識。
天線寶寶愛小孩。	天線寶寶看起來很漂亮。
它說明了非常年幼的孩子,不會同時聽和看的事實。	它充滿點子,在關上電視機後,能夠讓孩子懂得創造性遊戲方式。
在創造與娛樂中運用重複的特性。	它有創意地運用電視。

實際行動值得模仿

毫無耐心的成人一看到「天線寶寶」,一定會粗淺地判斷它毫無教育性、製作技術簡單、易於模仿。製作人伍德安一再強調 "Teletubbies" 是重視「玩」的「娛樂節目」,而非「教育節目」,她想說的其實是:「教育不需要急於一時。」由「天線寶寶」的幕後透視,我們可以省思,愈輕鬆無為的兒童節目,背後的製作態度愈嚴謹,下的功夫也愈深。創意來自於模仿與改變,有心的兒童節目製作人,應該模仿的正是這份實際的行動與用心。這種模仿,值得鼓勵。

水果冰淇淋

（臺灣——幼兒生活教育）

　　水果冰淇淋是國內公共電視台內部自製的幼兒節目，每週一至週六上午在公視頻道播出，下午重播一次。

落實節目研發概念

　　水果冰淇淋開播於公視製播小組時期，為公視第一個自製的兒童節目。當時，公視製播小組與美國兒童電視工作坊的芝麻街製作小組，曾密切研商聯合製作一中文幼兒節目的可能性，後來此計畫因另有其他華文國家爭取，而暫時延宕。不過公視曾派遣兒童組人員至紐約研習芝麻街的製作過程，水果冰淇淋即為研習人員回國後，自行發展的幼兒節目。

　　水果冰淇淋第一季於1992年推出，以近於芝麻街的方式進行，每集十五分鐘內有七個主題不連貫的單元，每個單元以動畫或布偶講解基本的概念，例如紅色、友愛。第一季一共製作了三百多個單元。角色安排上，以水果布偶家庭為核心，場景設計也採「水果」為意象，如香蕉沙發、西瓜桌子等。

　　該節目的發展過程，融入了研究方法。例如在決定布偶造型方面，製作小組先設計了三個布偶造型圖，在幼稚園中以故事講述方式，描述一個孩子的特質和他發生的生活故事，再請幼兒從三個造型圖中，選出誰是故事中的主角。後來，因為獲票最高的布偶製作困難，製作單位因而以第二高票的造型圖，做為節目中的主角布偶。

以主持人突顯節目風格

第二季節目在1998年7月公視法通過後,公視才續製,與第一季相隔六年。新一季節目在型態上有了很大的轉變,內容方面跳脫知識性的教育內容,形式方面減少至三個單元:故事製造機──以動畫說故事;歌曲MTV──真人演出合成電腦動畫的音樂影片,詞曲均為創作;生活自理──以生活影片示範兒童自理能力,如:自己綁鞋帶。另外,不固定地加入跳跳兔律動單元。每集節目仍未有固定主題。

單元減少,相對主持人的串場比重增加。原第一季水果家庭布偶,只保留了香蕉小男孩淇淇,搭配由演員趙自強反串的水果奶奶,為主要主持人。節目開始,由水果奶奶在節目中揭曉今天要說的故事後,便帶領幼兒神遊在故事的世界中。

該節目第一季企畫林曉蓓,於第二季後擔任製作人,她認為選對專業表演人員,讓水果奶奶這個角色因表演的魅力,而有更突出的吸引力,也因主持人的演員身分,提昇節目受注目程度,是節目轉型後最大的成功要素。「水果奶奶」不僅擔任串場,更演出音樂MTV中各種角色、歌曲演唱、故事配音、律動帶領等。趙自強於1999年及2000年,連續獲得兩屆電視金鐘獎最佳兒童節目主持人獎,說明了主持人是該節目的靈魂人物。

水果社區熱鬧繽紛

轉型後的水果冰淇淋,在國內低迷的兒童節目製作環境下,旋即受到矚目及肯定,因此第三季開始每集延長至三十分鐘。水果奶奶搬家了,新家的客廳像一般家庭一樣溫馨舒適,除了故事製造機外,並沒有奇特的家具,空間也更加寬敞,另外還有陽臺和庭院。

水果奶奶認識了許多水果社區裡的新鄰居,如王大德、美麗夫婦、好心的警察哥哥（施孝榮飾）、熱心的艾里長（譚艾珍飾）、少年時期的好友小玉奶奶,他們每星期至少輪流在水果奶奶家出現一次。偶而,節目會邀請特別

來賓客串演出，有時扮作來訪的友人，有時是突然闖入的迷路路人。布偶角色則加入淇淇的表妹淋淋，她也是一個香蕉偶，把烏龜當作寵物，經常拿把掃帚，幻想自己是巫婆。

動畫層次表現出色

　　內容架構上，製作小組以增加片段而非增加單元的方式，來充實三十分鐘的節目。單元部份仍以故事、音樂MTV為主，每集安排三至四首歌曲片段；律動成為固定單元，以親子律動影片或跳跳兔帶動的方式呈現；生活自理則被取代。每集出現主題，棚內戲劇、故事、歌曲，大多依主題延伸設計。固定片尾曲間，穿插淇淇、淋淋回顧當集主要內容的片段。

　　隨著淋淋的加入，故事單元中新推出「小巫婆系列卡通」，製作的過程比照國外動畫製作方式，先由主持人依故事配音，再由插畫家及動畫導演繪出動畫，旁白與畫面的搭配，更顯得生動活潑。主持人說故事時，帶入模擬音效技巧，聲音隨著情節高低起伏，表現出色。

　　受限於經費，小巫婆系列每季僅推出二支新作，一支製作費四十萬元。因題材具世界共通性，故事簡明有趣，後製俐落流暢，「小巫婆」在國際兒童影展和動畫影展曾引起「真的是台灣作品嗎?」的懷疑。

　　新近的其他動畫故事，不侷限於卡通的單一色塊著色法，逐漸創作出水彩風格，色彩層次豐富，並融入影片運鏡手法，深具藝術性。動畫形式的運用，在兒童節目中愈來愈受倚重，水果冰淇淋使國內動畫創作者有所表現機會，刺激製作水準，無疑是該節目另一項成就。

音樂歌舞節奏流暢

　　第三季起，該節目音樂與音效也有更大的突破。每季製作十三至十五首歌曲MTV，每首時間縮短，音樂節奏更具動感，營造欣賞的氣氛，幼兒不一定能、也不一定需要琅琅上口跟著唱，卻自然地手舞足蹈。視覺上，畫面轉換配合音樂，突顯出節奏的變化豐富，電腦合成效果創作出許多意象幽默好

玩的畫面。

　　每集節目安排四至五首歌曲，音樂、歌舞取材來源，亦擴及自中國傳統音樂及台灣原住民音樂。另一方面，在動畫和音樂的掌握日臻成熟下，嘗試結合兩者，以音樂動畫說故事。如老鼠音樂家嘟嘟的故事中，隨著嘟嘟的鋼琴演奏會，旁白轉為歌曲，畫面引導著劇情，演奏會上的演奏家、聽眾，隨著歌詞幻化為春遊客、賞楓者、雪人，電視機前的觀眾，認同了嘟嘟，更欣賞了一場四季風貌。

　　音效方面的努力，觀眾同樣「有耳共聽」。在主持人或來賓說話時，音效搭配愈來愈細膩，如提到非洲鼓，幕後出現一段非洲鼓樂，提到小提琴，即伴隨著小提琴聲。

　　相較於第一季將製作經費分散於三百多個小單元，導致每個單元表現力薄弱的做法，動畫和MTV單元製作費高，但是具有重複播出也百看不厭的價值，長期累積下來，成為節目愈做愈精緻的重要資源。

躍上國際市場

　　自第三季播出後，該節目屢獲國內外兒童節目獎，如第四屆（1999年）亞洲電視獎最佳兒童節目獎，並入圍國際性影展，如芝加哥影展、東蘭莘市影展，目前全球華人市場皆有播映。

　　這樣的成就得來不易。在公視支持下，該節目是國內極少數有資源進行專家學者諮詢會議、試播測試、總結性研究，以及培養固定製作班底的自製兒童節目。在公視內部評鑑上，也以收視率、收視質、製作人自我評估、學者評鑑、研究建議、整合行銷成效（如影帶版權行銷、募款能力）、在媒體宣傳上對公視形象的塑造等向度，考核該節目，維持節目品質。

　　一個好的兒童節目背後，一定擁有一群高度創作力的成人。水果冰淇淋已進入第六季，累積了許多兒童節目製作人才，他們在默契與經驗的基礎上，完成代表台灣兒童節目的作品，躍上國際影像傳播舞台。當國內有愈來愈多的專業製作人員，願意以兒童節目做為他們耕耘的事業，就會凝聚更多具有

創造潛力的大人與小孩。擁有一個長期努力經營的兒童節目，是社會的資產，也是社會的幸福。

「祝你的笑容像水果一樣甜，心情像冰淇淋一樣好滋味。」節目片尾在熟悉的祝福歌聲中結束，期盼下一世代後，這歌聲仍繼續傳唱。

羅吉斯先生的鄰居們

（美國——幼兒情意教育）

　　「羅吉斯先生的鄰居們」(Mr. Rogers' Neighborhood)是美國公共電視網播出最久的兒童節目，自1966年開播迄今，仍從星期一至星期五，在全美超過三百個地方電視臺帶狀播出。羅吉斯先生是該節目製作人和主持人，鄰居們指的即是電視機前的觀眾。

親密朋友

　　這個節目在形式和內容上都獨樹一幟。形式方面，主持人常以特寫畫面直接對著鏡頭講話，彷彿在和一位獨自在家的「電視朋友」交談。羅吉斯藉由輕鬆、閒話家常式的風格和他的觀眾建立親密感。他總是時間充裕地對些瑣事大聲讚嘆，做些簡單的工作，像是將外套掛到衣櫥裡、換上網球鞋、餵魚，甚至默默注視炊具上的計時器一分鐘。鏡頭停駐時間，足以讓觀眾看清一張臉的表情、物體、過程或一個示範動作。

　　節目的開頭和結尾都是在羅吉斯的「電視之家」客廳，他會秀給觀眾看各式各樣的物件和手工藝品。有時，他還帶觀眾去參觀這些日常物品的生產地，如氣球工廠、地下香菇田。這部分呈現的是真實生活，羅吉斯也會拜訪一些各領域知名的「鄰居們」，談談他們的喜怒哀樂、成功與失敗的故事。「芝麻街」中的大鳥，就曾是受訪者之一。

肯定特質

「假想社區」是節目另一主要場景，布偶們出現於此，角色有：友善的星期五八世國王、智慧和強壯的莎拉星期六皇后、住在鐘裡膽小的蜘蛛丹尼爾、充滿動感的搖滾椅、愛好學習的貓頭鷹以及牠的樹上鄰居、害羞的小貓等。串連這虛構場景中事件的是真人角色Lady Elaine，她經常需要這些布偶鄰居們來確認她是因為她的特質而被愛的，並非因為她所擁有的東西和所做的事。節目中會運用一些小驚奇來製造童趣，例如貓頭鷹騰空飛去。

另外，節目形式上並發展出協助兒童分辨真實與虛幻的轉場設計。例如真實情境中的拜訪活動，是藉著將鏡頭推進「電視之家」陳設的一社區模型，由客廳轉至戶外實景；虛構情境是一輛火車模型，由客廳駛入「假想社區」。羅吉斯本人並不出現在假想領域，以免造成情境混淆，但是他仍會在幕後操偶和配音。因為羅吉斯是學音樂出身，因此音樂是這個節目很受重視的因素。這些歌曲是大多數幼兒經驗中的情感和思慮，例如「我會做」、「這種感覺真好」、「有些事我不瞭解」、「當一個嬰兒誕生了」。歌曲創作皆出自羅吉斯之手，以抒情的旋律為特色，而音樂指導和羅吉斯有二十五年合作經驗，更是默契十足。

信 任

雖然這個節目調性是舒緩地，像朋友互訪般輕鬆聊天，談的可是重要的事。節目焦點內容是在談情感：愛、害怕、悲傷、嫉妒、生氣、友誼、信任、愉悅和滿足。藉著讓兒童知道什麼是可以期待的，羅吉斯希圖協助兒童度過衝擊的經驗，如上醫院、看牙醫、理髮、上學和搬新家。更由於他和他的「電視朋友」間的信任，他也直接談一些痛苦的情感，如對怪物的恐懼、父母離婚的傷痛和死亡的哀傷等，讓兒童學會說出他的感覺，學會等待、堅持與自我控制。節目最重要的目的是幫助兒童建立自尊，同時強調人的獨特性、如何與自己相處，而沒有要去娛樂誰，就像羅吉斯常在節目中所唱的一首歌：

「你讓每一天變得很特別，因為你就是你。」

分　享

　　人際關係是另一核心，因此內容上不斷進行感情的分享。例如有集節目在分享對下兩的感受，想想一個人的時候在下雨天可以做什麼？這個節目看起來似乎沒有解決問題，但是如果孩子是較孤單的狀態，看了節目知道他可以動動身體，這種分享是最好的狀況，不一定要給答案，只是告訴他別人怎麼做的，甚至是下雨時貓咪在做什麼，狗在做什麼，大象在做什麼。節目中並沒有就事情進行深刻的解釋，只用兒童語言告訴兒童，他可以享受的生活方式，例如坐著也可以跳舞，也可以用嘴巴吹口哨，也可以在雨中跳舞。此外，還讓兒童感受音樂，例如咚一聲身體就滑一下，讓音樂變成是具象的東西。

關　愛

　　節目中的靈魂人物羅吉斯，全名是Fred McFeely Rogers，他出生在1928年，大學主修作曲。1953年受雇於匹茲堡的公共電視臺WQED，策畫並製作他的第一個兒童節目「兒童角」(The Children's Corner)。這個節目播出七年，曾為他贏得最佳地方自製兒童節目獎，而節目中的星期五八世國王、蜘蛛丹尼爾二個布偶角色，也沿用至「羅吉斯先生的鄰居們」。羅吉斯則利用空閒時間，回到學校進修兒童發展課程。

　　1963年，羅吉斯移居至加拿大多倫多，並在加拿大廣播公司開闢一個十五分鐘長度的節目「羅吉斯先生」(MISTEROGERS)，這也是他躍上螢幕前擔任主持人的開端。1964年，他重返匹茲堡，二年後正式推出「羅吉斯先生的鄰居們」。1968年，節目確定為現在所見的形式，羅吉斯並膺任白宮兒童與青少年委員會中大眾媒介與兒童發展論壇的主席。

發展健康情緒

「羅吉斯先生的鄰居們」幾乎贏遍所有的兒童節目獎，艾美獎並曾頒給羅吉斯個人對兒童節目的傑出成就獎及最佳編劇獎，也因此包括耶魯大學在內，全美有超過三十所以上的大專學院授予羅吉斯榮譽學位。1971年他籌組家庭傳播公司(Family Communications Inc.)，製作多樣化的產品來鼓勵兒童及其家庭發展健康的情緒。

「羅吉斯先生的鄰居們」迄今製作了七百集以上節目，每週估計有八百萬家庭和托兒中心收視。羅吉斯每季會更新數週集數的新內容，維持節目的新鮮度。

接納與瞭解

成人偶爾會懷疑，為什麼這位講話柔聲慢調，怎麼看都不像電視明星的人物，會佔據電視時段歷久不衰。但是兒童知道答案，因為羅吉斯帶給他們一份被重視的、一對一的親密感，並且提供讓他們感受到被接納、安全和被瞭解的園地。

至2001年，該節目已走過三十五年歲月，節目主持人羅吉斯由壯年人成為老爺爺，而「羅吉斯先生的鄰居們」也已是美國家庭中老中少三代共同的話題交集。

芝麻街

（美國——幼兒綜合教育）

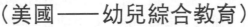

　　「芝麻街」(Sesame Street)是成立於1968年的兒童電視工作坊(CTW)製作的節目，於1969年11月起，每週一至週五在美國公共電視網帶狀播出。每年CTW製作130集一小時節目，至2001年4月已製播三十一季，超過四千集節目存檔。

協助弱勢兒童學習

　　「芝麻街」的原始構想，來自企圖結合教育諮詢顧問、研究人員、電視製作人員，共同協助貧窮地區以及都會內非白種的學齡前兒童，學習一些基本的認知技巧，如辨認字母或簡單的計數，主要目標對象為三至五歲的兒童。它是CTW運用課程發展的模式（參見應用篇「芝麻街節目企畫實例」）製作的第一個節目。每一單元之前有目標敘述，方便父母和教育者參考，並作為追蹤測試的標準。也因此，「芝麻街」節目在事後皆可發行教學錄影帶。

　　該節目在內容上涵蓋語言、數字、情意、社會、健康等幼兒學習領域。架構上，採多單元組合的雜誌（或稱抽屜）型態，各單元可獨立拆開，與其他單元重組為一集新節目，因此，單元在一週中會重複使用。形式上，利用棚內成人與兒童實景、布偶、動畫、音樂（歌）、人類生活影片、大自然影片等形式，呈現每一項教育目標，幽默的對白，符合美式風格。每一集有真人和布偶搭檔演出的棚內劇情，大約十分鐘。動畫片段往往集中在數字、字母

和字的教學。

號稱世界上最長的街

　　這個節目直到秋天開播前夕都還未被命名，最後必須送出節目播出資料了，製作單位才從一堆建議名單中選中「123芝麻街」，既可以表示街上居民的門牌號碼，又點出節目內有數字的內容。後來為簡化名稱，數字才被刪除。

　　「芝麻街」號稱是世界上最長的街，佈景即為一條街的街景，街上住著各式各樣的人與布偶。演員的性格、年齡、性別和職業都以美國多種族的特性來安排。固定的成人角色包括黑人夫婦高登(Gordon)、蘇珊(Susan)和他們的白人鄰居們、糖果店老闆、布迪(Buddy)和吉姆(Jim)兩位易犯錯的成人。此外，還有機動出現在街上的兒童們。

真實與幻想結合的神奇街道

　　「芝麻街」製作團隊邀請布偶大師吉姆‧韓森(Jim Henson)加入初期規畫，他於1955年創辦吉姆‧韓森公司，有豐富的參與製作電視兒童節目經驗。他為「芝麻街」設計了畢特(Bert)、恩尼(Ernie)、青蛙克密特(Kermit the Frog)、大鳥(Big Bird)、奧斯卡(Oscard)、餅乾怪獸(Cookie Monster)、偵探漢拉克(Sherlock Hemlock)、騙子推銷員(The Salesman)、數字伯爵(Count von Count)等布偶，日後都成為節目裡的要角。

　　布偶人物和真人一同居住在芝麻街，形成一處真實與幻想共存的空間，也使「芝麻街」在兒童心中成為一條世界上最神奇的街。

　　「芝麻街」有生活影片單元，為兒童展現真實的世界，如帶領兒童去汽車裝配廠、漁船、麵包店、非洲遊樂區、農場、廢車場、動物園、郵件滑運槽，以及許多他們自己不能去參觀的地方。另一方面，節目中也有固定出現的動畫人物。這種真實與虛幻的混用，研究人員測試發現，對年幼兒童十分討好，一些年齡較長，偏好卡通的兒童，也樂於專注觀看。

布偶靈活豐富

不同於傳統牽線木偶或手套布偶，吉姆・韓森利用空間、音樂、對話、色彩等元素，結合電視攝影棚製作原理，創造出更加靈活的布偶角色。它們可以斯文地與真人對話，更常以誇張的動作表達情緒，深獲兒童的認同與模仿。

吉姆・韓森公司與芝麻街維持了三十年以上合作關係，其布偶大約可分為十五種基本形式，這些顏色鮮艷、造型各異的布偶，都有幾個共通的特色——大大的嘴巴、豐富的臉部表情、靈活的肢體語言。每個布偶也各有鮮明的個性，甚至星座、興趣、習慣等也互不相同。除了這些有特性的布偶，還有一群可以扮演任何角色的通用布偶。

在製作上，布偶秀為達到動作和聲音的配合效果，花費的時間和金錢反而是各形式中代價最高的。而且為了能配合其他國家語言的配音，必須兼顧口唇動作，看似簡單，卻是一門大學問。

主題故事式學習

「芝麻街」每一集皆設立一個主題，如畫畫、家庭、遊戲、朋友，以故事為單元串連主軸，每週的故事線連貫。艾默(Elmo)是新近受歡迎的布偶，在「艾默的世界」單元裡，艾默學習去瞭解當集主題相關的各種有趣的知識、技能，如鳥為什麼會飛。主題會重複使用，但是融入新的故事線中，這樣的安排一方面保持節目的新鮮感，同時，便於將單元素材重新組合運用。

此外，每集學習一個字母和一個一至二十的數字，字母和數字隨機安排，和當集主題無關，也不連續。每集大鳥會邀一位名人上節目。每週則安排一次閱讀。

單元時間短、概念重複學習是芝麻街主要的教學技巧。節目中每個片段無論何種形式，大多在一分鐘以下，不超過一分半鐘。在同一集中，「芝麻街」會以不同組合的呈現方式，傳達同一主題。以「牙齒保健」為例，即有四類

呈現方式的組合：其一是播放兒童刷牙的影片；其二是以動畫搭配歌曲，示範、解說刷牙的重要；其三則由布偶配合圖卡，以熱鬧歌舞場面解說、示範；其四為布偶劇場的短劇演出。這些片段可能安排在同一集中。

畫面與聲音相互支持

「芝麻街」的研究人員，不斷嚐試研究內容與形式間如何搭配，最能吸引兒童注意力，並且畫面和聲音不至於相互干擾、重複。例如有個設計是E字母下的橫桿神奇地往下移，使E成為F，橫桿的移動過程伴隨著「滑動口哨音」的音效，帶給兒童喜劇動作的感受。

「芝麻街」更有創意地將音效直接用於教學。例如一項「聲音辨認」的課程目標是「兒童能將聲音與熟悉的物體相連結，如喇叭聲、鋸木聲、牛叫聲」。編劇的設計為：一個布偶來到另一布偶家門口，問道是否可以借用電話連絡修車廠來幫忙。這個布偶解釋，當他在平交道停車，等火車通過時，車子熄火了，再也不能發動。當他描述時，每逢遇到關鍵詞句，如開車、火車通過、車子熄火，他會直接使用音效而非言語，這讓另一布偶感到驚訝。然後，另一布偶為確認所聽到的故事，而重述了一遍內容時，他也不自覺說出相同的音效。

與世界各國聯合製作

「芝麻街」第一年投入研究、發展、製作、播映的資金為八百萬美元。最初的財源來自聯邦政府教育部和私人基金會，主要為卡內基(Carnegie)、福特(Ford)、公共廣播公司(Corporation for Public Broadcasting)。

三十餘年來，「芝麻街」以十五國語言配音，不僅在全球超過一百四十個國家播放，CTW進一步以聯合製作方式，與合作國開發符合該國文化型態的地方版「芝麻街」節目。節目本身雜誌型態架構利於聯合製作中，將不同片段串為一體。在聯合製作中，CTW提供50%的「芝麻街」素材，包括布偶劇、動物影片、生活影片，並針對合作國之風俗民情設計布偶和演員，搭配原版

「芝麻街」裡兩個布偶，拍攝另一半的棚內攝影作業、動物影片、生活影片。

節目製作模式不變，文本因國而異，由當國教育專家釐定教學目標。單元製作完成後，進行形成性研究，再將測試結果回饋給製作人員。目前至少有十二個「芝麻街」聯合製作節目。近兩年(1999-2000)，「芝麻街」最大的挑戰和成就之一，是在以色列版的「芝麻街」中，促使以色列和巴勒斯坦的布偶、演員互訪對方街道，說明電視兒童節目是一項能突破文化和政治藩籬的教育媒體。

製作始終嚴謹

製作嚴謹是「芝麻街」成功的重要因素，此外，將節目製作過程模式化，並懂得大力發揚與宣傳，更是「芝麻街」比其他同樣製作嚴謹的兒童節目，獲得較高知名度的原因。「芝麻街」的成功證明了電視對兒童不是只有傷害，而是能造福兒童。然而，「芝麻街」的教學風格也招來批評，例如「使孩子無法適應教室裡枯燥的教學環境」、「雖讓孩子變聰明，卻沒有智慧。」、「將都市內的真實生活包上糖衣，而危險則被隱藏。」、「所有的真人無論是兒童、成人都被美化，沒有人會生氣，也沒有人會說尖刻的言詞。」

對這些批評，CTW認為，兒童節目是在為兒童示範一種可能的世界，而不是揭露現在世界的醜陋面。不過，「芝麻街」仍然不斷修正原創節目時的認知取向，增加情意面向的內容設計。電視並非萬能，單靠一個成功的節目來改造兒童教育，有如要求天方夜譚裡的神話，必須有令人滿意的結局。「芝麻街」的最大成就，在於提升兒童節目的專業性，讓兒童節目受人尊重。這樣一個堅持造福兒童的節目，應該受到祝福，祝福它不會結束在經費的終點上。

邦尼和他的朋友們

（美國——幼兒綜合教育）

「邦尼和他的朋友們」(Barncy and Friends)是美國製作的節目，由Lyrick Studios製作，自1992年登場，即一週七天，天天於公共電視頻道(PBS)以及有線系統播出。此節目以幼兒在生活中的成長困擾為主題，利用歌舞律動和扮演遊戲，讓兒童在快樂情境中學習解決生活困擾，並獲得生活常識，如紓解幼兒對看病的恐懼、說明如何能保持身體健康不生病等。

恐龍三人組

節目主要角色是「恐龍三人組」（人偶），包括邦尼、BJ、Baby Bop。邦尼是一隻紫色恐龍，平時是一個小布偶，會變身為神氣活現的「活」恐龍，他以孩子們的「特別朋友」身分，進入學校孩童的生活，具有變出東西的神奇能力。BJ是黃色小恐龍，喜歡體能活動，是Baby Bop的哥哥。Baby Bop是綠色嬰兒恐龍，女孩，總是隨身帶著她心愛的毛氈，常在遊戲中協助邦尼，她通常演出小小孩的困擾和行為。雖然此三個人偶體型都很大，但不會讓孩子有角色認同困擾，孩子們是從角色的語調、動作、習慣認同Baby Bop是他們很小時候的樣子。

節目中也有固定四至六個小演員，他們就是「朋友們」。演員選角上特別注意到種族、性別因素，因此小演員男女生數目平均，有黑人、白人、東方人、西班牙人。

愛之歌

此節目的結構設計是一個情節接著一個情節，內容連貫似一環扣一環的鎖鍊；場景固定為教室內和教室外遊戲空間兩個景。節目主要形式設計是孩子們在學校發生困擾，邦尼變身出現，兒童訴說，邦尼傾聽、瞭解問題，然後告知他們如何解決。每進行一段臺詞後，即將內容設計為歌曲，大家一起唱唱跳跳，營造快樂的氣氛。片尾固定唱一首「愛之歌」，歌詞為：「我愛你，你愛我，我們是快樂的家庭，我抱你一下，我親你一下，你也會說愛我嗎？」唱完，邦尼即回到布偶狀態。最後是「邦尼說」單元，以精彩畫面重現方式回顧今天的要點。

此節目風格以溫馨為取向、速率中等、色彩柔和、場景為象徵性、道具為玩具性、圖卡是常見的說明輔助，整體設計重視生活化。歌和舞（律動）是節目變化情節、提高節奏的重要設計，也是它受小孩歡迎的部分，不過歌曲旋律與舞步重複率很高。

靈活的人偶是節目另一特色，邦尼的操作必須由一人飾演邦尼、一人唸旁白。在高興時跳躍是邦尼的招牌動作，因為他的動作太靈活，有成人觀眾開玩笑說，躲在邦尼內的一定不是正常人，說不定是真的恐龍。

過於美化

此節目的目標對象是小學低年級左右的兒童，實際收視群則以三至五歲居多，因為近十年來，邦尼在美國是超級明星，深受孩子們歡迎，甚至有人戲稱此年齡層為「邦尼年紀」。

不過，「邦尼和他的朋友們」也受到不少孩子和家長們的批評，甚至揚言要把邦尼送到外星球，因為他不屬於地球生物。為什麼呢？主要原因是邦尼的世界過於美好，過於溫馨，也就是說過於虛假。

四點爭議

　　這個節目在內容上主要有四點是被討論的。其一是邦尼常變魔術般跑出來，出來後他就解決了許多問題，有人認為過度把邦尼神話，讓他無所不能。許多家長擔心會讓小孩子誤以為事情太容易解決，不用放棄任何重要的東西都能擁有快樂。其二是他「彈」起來的招牌動作，以及「呵呵呵」的口頭禪笑聲常讓小孩模仿。家長擔心這是負面示範。

　　其三是節目結尾都是快樂，問題總是被解決了，但提出解決辦法的總是邦尼。孩子們總是問他如何獲得樂趣，邦尼告訴他們；當他們無聊時問邦尼他們可以做什麼，邦尼告訴他們。家長擔心孩子們會學習到依賴別人即可解決問題。其四是兒童總是一起做同一件事，連舞蹈都是制式化的動作。家長擔心，孩子學習到唯有迎合團體才能獲得認同。

　　到底要不要讓紫色邦尼和真的恐龍命運一樣，從地球上消失，目前在邦尼的網站上，正熱烈辯論著，可以確定的是加入辯論者，都經常收看「邦尼和他的朋友們」。另一方面，Lyrick也和PBS簽下新合約，這個節目將播到2007年呢！

小勇士

（菲律賓——幼兒綜合教育）

「小勇士」(Batibot)是菲律賓自1984年起為幼兒製作的教育性節目，它是由菲律賓兒童電視基金會 (Philippine Children's Television Foundation Inc.，簡稱PCTVF) 和商業電視網GMA聯合製作，每年推出一季六十五集新節目，每週一至週五在GMA第七頻道播映。

強壯有活力

「小勇士」每集長度三十分鐘，採雜誌型態，多樣、幽默、菲律賓特色的音樂和故事、動畫、黑幕劇場、布偶、短篇生活實景影片是節目的基本形式。Batibot是一句古老的塔加拉族（菲律賓諸島之土著民族）語，意思是：「小，但是強壯有活力。」

這是菲律賓第一個由菲律賓自製，以課程為基礎的幼兒教育節目，也是菲律賓最受歡迎且播出最久的兒童節目。節目製作前會先勾勒出幼兒在生理、道德、情感、社會、文化、智能、環境各面向的成長和發展藍圖及課程，為節目內容基礎。

真人角色

角色方面，經常性出現的真人角色有從第一季就加入的Kuya Bodjie，他有豐富的舞臺劇經驗，擅長以生動的聲音說故事。Kuya Dwight，飾演喜感爆

笑的Do-Re-Mi先生，他有一條神奇的手帕，能秀出聲音世界，無論動物聲、機器聲、樂器聲，都難不倒Do-Re-Mi先生，但是他總要做個鬼臉、大笑一陣才會回答兒童的問題。Ate Joji，之前節目中有一固定的數學單元，她協助單元中的兒童演員瞭解數學問題。而1997年當季節目起，她改在想像單元中擔綱，帶領幼兒進行想像之旅和扮演遊戲。

布偶角色

布偶角色性格設定是兒童的，而造型非常菲律賓典型。主要布偶KoKo是四歲大的小鷹，誕生於實驗室，他代表希望、明天和乾淨、綠意的世界，個性猶如任何健康、好動的四歲小孩，喜歡玩、唱歌、跳舞、聽故事、探索世界、發現新奇的人事物地。他有自信、充滿好奇心，即使是最平凡的事情也令他興致盎然。他喜歡吃蔬菜、水果和新鮮的食物。

另一布偶Manang Bola是占星師，她很依賴她的水晶球，並常假裝幫兒童或其他訪客發現答案，而實際上都是訪客們自己找出了答案。Irma Daldal熱中於當演員，她膚淺、俗氣，追求流行卻抓錯品味，自認是Batibot中最出色的女演員。此外，還有喜歡閱讀的超人、喜歡追根究柢的外星生物、常用祖父告訴他的話幫人解惑的回教徒、力捧Irma Daldal的導演等。

與「芝麻街」合作

菲律賓曾和美國CTW合製菲律賓版的「芝麻街」節目，1984年參與此合作節目的工作團隊共組PCTVF，成為菲律賓第一個擁有全職研究人員的獨立製作公司。他們參酌「芝麻街」兒童節目製作模式，發展本土化的菲律賓兒童節目，希望在兼顧兒童教育需求同時，也能讓兒童懂得欣賞本國文化和資產。

PCTVF研究人員不間斷地在學校、托兒所和社區進行形成性研究，協助編劇和製作人員瞭解他們的觀眾——兒童。製作人員也經常接觸兒童，由互動中獲得回饋，如在音樂廳、大型賣場現場表演、拜訪學校等。研究人員會

建議形式、故事方向和製作上的注意細節，而製作人員也經常會提出形式設計的點子，以及他們自己對兒童興趣和需求的觀察與研究人員討論。多年合作下來，這兩大部門已懂得如何協商切磋。

近年來，PCTVF提供大學生數週至數月的實習機會，讓新血輪能由實際參與節目製作中，瞭解「小勇士」的製作理念和工作模式，正因如此，「小勇士」持續地吸引一批批熱愛兒童節目者全心投入，也年年獲得菲律賓國內各項電視節目獎項中的最佳兒童節目獎。迄2001年，該節目已播出十七年，對製作單位而言，這只是個開始。

電力公司

（美國——學齡閱讀教育）

「電力公司」(The Electric Company)是美國公共電視網(PBS)的兒童節目，星期一至星期五在各地公共電視不同時段帶狀播出。這是兒童電視工作坊(CTW)繼「芝麻街」成功的腳步，從1971年起為中高年級兒童所製作的節目，直到1981年最後一次播出。這個節目曾獲多項優良兒童節目獎，例如1973年獲得艾美獎最佳兒童節目。

閱讀技巧

「電力公司」的節目宗旨在教導二至四年級有閱讀障礙的兒童，基本的閱讀技巧。據PBS評估，它的觀眾群有六百五十萬兒童在家或在校收看。節目企畫當初即視它為學校閱讀課程的輔助教材，包裝以電視娛樂形式，如喜劇橋段、動畫、電子視效和音樂。

CTW也製作各式輔助教材，如教師手冊、書、雜誌和拼圖，供學校和托兒所使用。

節目推出時，每集為一小時，特色之一是節目進行至一半，會有二位演員以對話讓觀眾知道下半段節目將進行的內容。1975年起改為半小時節目，新節目製作持續到1977年4月為止，之後直到八〇年代中期，都在重播舊節目，一般重播的是後期半小時的節目。從1971至1978年，總共錄製七百八十集，每集製作經費是三萬三千美元，合臺幣約一百萬元（這是七〇年代的幣值）。

它的主要支持者有廣電節目協會、卡內基紐約公司、福特基金會等。

橋段的設計

節目另一特色是預習橋段的設計，點明今天節目的主題。例如宣布：「今天弗哥・諾斯（節目主持人）將決定 "censor" 是什麼意思？」"censor" 一字會明顯地呈現在螢幕上，並發出「嗶嗶」聲。如此設計一方面是引起兒童觀眾的興趣，另一方面是預留時間給觀眾先猜一猜，這個字是什麼意思。節目片尾重複這段相同的過程，不同的是把今天改為明天，做為明天的節目預告。

「電力公司」單元豐富，而且各具巧思，介紹如下：

㈠短箋書單元

演員表演一首耳熟能詳的兒歌，或一個格林童話故事。表演中會有四至八個停格畫面，由旁白述說故事，而故事結局往往經過改編，出人意表。

㈡字母人單元

是非常受歡迎的卡通短片。每集故事有一特定的字，壞蛋「拼字盲客」把字中的一個關鍵字母換掉，陷害主角做出錯誤行動，例如把 "custard"（香料）的 "c" 偷換成 "m"，字就變為 "mustard"（芥末）。這時舉止一向瘋狂的主角發現陰謀後變身為「字母人」，從毛衣取出適當的字母，更正被偷換的字母，粉碎「拼字盲客」的魔鬼計畫。

㈢蜘蛛人單元

根據漫畫書中的蜘蛛人角色和故事而設計的單元。蜘蛛人不開口說話，他的想法顯示在氣球上，觀眾可隨著字句變換出聲閱讀。

㈣加字母單元

是節目出現頻率最高的單元。二個主持人面對面以半身側影出現，一人給字的第一部分，並說明是放在字首還是字尾，另一人說出另一部分。例如，第一人說 "age"，放字尾，另一人說 "p"、"age"、"page"。每次接八個字，每個字重複二次，第二次主持人不讀出聲，觀眾自己讀。

㈤五秒鐘單元

以固定開場白「五秒鐘猜猜這是什麼字?」開始，主持人每五秒鐘讀一個字，這個字會示範於畫面上，挑戰觀眾是否能在主持人讀字之前先讀出來。

㈥字母鍵單元

兩個主持人之一說出一個句子，其中有一個字聽起來挺彆扭，另一個人就和他討論起這個字是否妥切，換成什麼字才對。例如「楚門總統說過: duck（鴨子）到此為止。」他們爭論 "duck" 應該是 "truck"（卡車）才對，最後都同意正確的字是 "trick"（把戲）。

㈦大導演單元

導演總是遇到不適任的演員，他指導他們演戲、唸臺詞，但是他們表現不佳，每次都唸錯其中的關鍵字。例如「不自由，就給我death（死亡）。」演員唸成「不自由，就給我deck（甲板）。」嘗試三次失敗後，導演只得挫折地放棄。

㈧特別秀

此外，每星期五的節目有特別秀，片尾演唱一首好玩的歌，歌詞的字會一一標出，唱二遍，第二遍只有旋律，讓觀眾自己唱。

創刊雜誌

CTW於1972年創刊《電力公司雜誌》，內容包含謎語、遊戲、故事、圖片、卡通等，直到1988年8月停刊，雜誌更名為「兒童威力」（Kid Powder）。此外，還發行家用電玩影帶，包括「有趣的字」和「有趣的數學」兩個遊戲。「有趣的字」是一群小猴子從籃中撿出字母，拼出電腦指派要完成的字。「有趣的數學」則是兩隻大猩猩要穿越叢林，沿途遇到各種動物阻止他們，要正確回答一題數學算式才能繼續前進。如果答錯，大猩猩得跳入鄰近的河中。

「電力公司」是典型的美國兒童節目製作模式: 強調與學校教育緊密結合，企畫初始即有一套完備的產品開發與行銷計畫。這種在商業思維下挹注製作經費，又能維持品質的節目發展方式,是兒童節目特有的自給自足生存之道。

閱讀一道彩虹

（美國——學齡閱讀教育）

　　「閱讀一道彩虹」(Reading Rainbow)是美國公共電視網的節目，由國家科學基金會、國家書商文學促進會等機構贊助製播，是週一至週五的帶狀性節目，自1986年起播出迄今已逾十四年。「閱讀」(reading)一字明確的點出這是一個以閱讀為內容的節目，而「彩虹」(rainbow)一字則表明閱讀這回事宛如彩虹般多彩鮮麗。國內兒童節目工作者，喜歡將Reading Rainbow稱為「閱讀一道彩虹」，直透出此節目具童詩般的文學特性。

鼓勵兒童閱讀好書

　　該節目所介紹的書以圖畫書為主，因此目標對象設定為，以圖像為主要閱讀方式的幼稚園至國小三年級兒童，節目目標即鼓勵兒童閱讀好書，並樂於光臨他們的社區公共圖書館。因此，每集節目背後的製作考量，主要是根據培養兒童優秀的文學能力、介紹與地域經驗相關的書籍、展現圖書館是有價值的資源，以及提升正向的自我概念等四項因素來設計內容。

　　該節目會透過兒童閱讀能力的評估、召開全國諮詢會議，以及專家協助等基礎上，使劇本中的用字遣詞，即能讓兒童感受到豐富的語言經驗引導和示範。並介紹一些對大多數兒童而言是新的地點和經歷，也喚起他們過去曾擁有的經驗，來協助他們更進入書中旨趣。

　　此外是建立兒童對圖書館的好印象，讓他們瞭解到圖書館是個有書、雜

誌、影片、也有兒童所創作的有趣的作品，同時，圖書館也是親子共同最佳休閒去處之一。至於提升正向自我概念方面，節目中的成人對兒童總是尊重的，而兒童也尊重成人以及其他兒童。兒童總有機會參與他們感興趣的活動，例如一位圖書館小義工，獲邀和圖書館委員們一起討論未來館務規劃方向。藉此，兒童觀眾看完節目後，對自己和他人都會有正向的觀感。

每集以一本圖畫書為主題

在上述因素的基礎上，節目形式是採多片段組合的雜誌型態，每集以一本兒童圖畫書為主題，再配合外景單元將主題延伸。節目的主持人是一位黑人大哥哥，節目開始由他以風趣言語和肢體表演來引出主題，接著邀觀眾共同聆賞當集的選書。節目邀請到許多知名演藝人員擔任說書者，如天才老爹Bill Cosby。隨後延伸的單元，盡量帶兒童到令他們興奮驚喜的地方，如猶他州的恐龍公園、加州的聖地牙哥動物園，其間搭配動畫、戲劇、訪問和音樂做為串場；片尾則固定由三位兒童各簡介一本他們喜愛的圖畫書。

舉例而言，有一集節目是介紹一本非洲作家的圖畫書，故事敘述一個非洲小男孩費盡心思，尋找廢棄鐵絲做一臺玩具車，當他終於在夕陽下推著玩具車時，心中充滿自我實現願望的喜悅。主持人在開場時拿著兒童做美勞常用的毛根，邀大家來想想鐵絲可以做什麼呢？接著從天花板垂吊而下的花盆、電扇外殼、燈泡、鳥籠、衣架……一一隨著愉快的音樂，跳躍在觀眾眼前。讀完今天的主題書後，鏡頭帶著觀眾去欣賞藝術家以鐵絲為惟一素材的創作；馬戲團演員在一條繩索上跳舞、疊羅漢、翻筋斗；主持人乘坐高山間纜車翻山越嶺，而纜車的纜繩正是用一條條細鋼索扭捲而成的。

一根簡單的鐵絲，經過製作團隊的巧思安排，繫著兒童的願望，繞著生活的進行，穿越了自然的險峻，托住了人們的生命。讀一本有關鐵絲的書，也不再只是讀完一本書而已。

書單的選擇

選書是製作單位相當重視的前置工作。每季的節目書單都是從數百本童書中精選出來的。獲選的書都具有下列特色：

1. 兼具文學和藝術性。
2. 適合電視呈現。
3. 合宜的繪圖和長度。
4. 文化多元性。

節目在介紹書時，力求避免對書中主角有文化上的刻板描述，並要求符合兒童的認知範圍，以引發兒童讀好書的動機。因為製作單位相信，使兒童成為好讀者的方法之一，是閱讀對他們有價值且令他們感興趣的好故事。製作團隊勇於面對運用電視技術，激發兒童讀書興趣的挑戰，讓他們能徜徉於美妙的書中世界。

節目成為教育資源

該製作團隊非常注重節目的效果，例如要求標題和字幕的呈現應清楚易見，以顧及聽障兒童的收視權利。一般而言，美國將兒童節目當作學校教育資源之一，「閱讀一道彩虹」自然也成為學校輔助閱讀課程的教材。公共電視臺特許學校能從電視上錄下節目，享有一年或和地方公共電視臺同樣時限的播映權，但校方不能複製影帶或出借他人使用。公共電視臺並將每集選書設計延伸活動，編製成教師手冊供教師們索取。

該節目自1995年起，舉辦年度兒童繪本創作比賽，增進與兒童的互動管道，讓兒童進一步從創作的參與感中更愛上閱讀。喜歡讀書的小孩會不會同時喜歡看電視呢？收視率顯示，「閱讀一道彩虹」有其固定的收視群，證實只要用心經營的精緻節目，總會找到它的忠實觀眾。

比爾教科學

（美國——學齡科學教育）

　　「比爾教科學」(Bill Nye the Science Guy)是美國的節目，2000年9月前，主要由迪士尼公司出資製作，並於迪士尼頻道播出。臺灣迪士尼頻道配上中文發音後，亦安排播出。1999年起PBS加入播出行列，使得該兒童節目成為少數同時在商業臺和公共電視臺播出的節目。2000年9月後，製作群轉與Nickelodeon合作，在其創立的新頻道Noggin繼續製播。

科學最酷

　　「你們知道嗎？地球上所有的水已經存在數百萬年了，所以當你喝了一杯水，你很可能喝到恐龍的口水。」節目主持人比爾，就是以這種輕鬆幽默的方式教各種有趣的科學知識。比爾也是節目的首席編劇，他想盡各種辦法，來傳達「科學萬歲！科學真好玩！科學最酷！」「科學並沒有那麼複雜！」的訊息，當比爾要教孩子「水的循環」時，他親自跳進水池裡示範：水的循環就是水上上下下，一點都不難！而水是比爾喜歡的物質。

多才多藝

　　自孩提時候比爾就非常喜歡科學，他自陳第一個印象深刻的童年記憶就和科學有關：他操作一架遙控模型飛機，想辦法讓它左轉。這是令人興奮的經驗，只要待在原地，飛機就會到跟前來。因此，當比爾就讀康乃爾大學時，

他順理成章地以機械工程為主科，又因為喜歡腳踏車，所以他對齒輪傳動特別感興趣。

畢業後，比爾進入位於西雅圖的世界最大飛機製造商波音公司服務。1978年，朋友慫恿他參加一場地區性的模仿賽，他輕而易舉奪魁，展露了喜劇才華。從此，白天他仍然是一名博學多聞的工程師，晚上他就在一些俱樂部表演傑出的情境喜劇，閒暇時，更撥空到「西雅圖太平洋科學中心」，義務擔任科學解說員。

偶然機會下，比爾被網羅於西雅圖地方電視臺一個名為 "Almost Live" 的節目，擔任編劇和演員。1987年他在節目中扮演一名科學家，受到觀眾的熱烈回響，比爾認為自己演對了角色。

真正的科學家

如「比爾教科學」節目片頭曲所言：「比爾是個真正的科學家」，他曾出版《科學家比爾的科學震撼》一書，用淺顯易懂的方式解說各種科學原理。比爾發現，孩子們往往抱怨科學太難，而在他們應該以所擁有天生的好奇心探索周遭世界的年紀，就關閉了接觸科學的大門，因此萌生為兒童製作科學節目的念頭。努力籌畫數年，他獲得國家科學基金會贊助拍攝樣帶。數月後，華德迪士尼公司看到樣帶，主動通知比爾，表示願意出資參與製作。後來比爾曾任職的波音公司，也成為主要經費贊助者之一。

香蕉釘鎚

1993年6月，「比爾教科學」的主場景「比爾實驗室」成立。實驗室中總有冒著泡的燒杯和試管，教導孩子在家中做安全而有趣的實驗，素材都是家裡可以找得到的。9月，「比爾教科學」首播，迄1999年底總共製作了九十九集，內容涵蓋物理、天文與生命科學。

在內容設計上，每集半小時的節目都集中於一個主題，如此，兒童有足夠的時間吸收內容，比爾也會有足夠的時間來耍出他各式各樣的噱頭。例如

在月球上打高爾夫球，來證明重力的影響；拿著一根浸過液態氮、冰凍過的香蕉敲釘子。趣味化、具象化、實驗，是該節目教科學的準則。例如某集介紹大氣壓力，一開始即宣稱：「本集節目由厚氧層」提供，而當比爾說明大氣層有九十公里厚時，他從地球儀剝下一層透明膜，對照大氣層與地球的厚度比，他並具體的比喻大氣讓地球保持溫暖，就像夾克讓我們保持溫暖。爾後，他打扮成家庭主婦燒開水來解說大氣壓力。

身歷其境

此外，比爾還將科學實驗搬到了真實世界，他和製作群希望讓科技時代的兒童瞭解，世界有宇宙之大，冒點險是安全而有趣的。比爾不惜為證實科學假設而赴湯蹈火，當他介紹「地殼」時，他真的從直昇機跳到聖海倫火山口。為了證實高度愈高、壓力愈小，他分別出現在飛機場、高樓大廈上、死亡谷（美國大氣壓力最大的地方）、二千公尺以上的高山來測量氣壓。當然，這一切都是真的。

九〇年代兒童品味

此節目的形式是以九〇年代美國兒童的品味來設計，以上肩和觀點鏡頭，營造親臨現場、即時拍攝的影像風格，並運用大量娛樂性圖表、特效、喜劇效果、音樂、三秒鐘的短畫面、快速率剪輯。此外，在比爾解說現象時，還不時穿插短段式的真實影片或資料片。例如提到沒有大氣層會讓人覺得很熱，立刻插入一位胖子拿扇子猛搧的生活影片，以及閱兵典禮中貴賓一直用手帕擦汗的資料畫面。節目中固定會將該集主題拍成一段MTV式音樂帶。片尾，比爾總出其不意的在冰河上、在恐龍的挖掘地點、在海裡，向觀眾大喊：「這就是科學的力量！」科學就在比爾的詮釋與帶動下，成為一件既酷又炫的事。

最佳選擇獎

製作人艾倫形容比爾：「是一個對科學有狂熱的天才」，他游泳、開飛機、

高空彈跳、跳降落傘，無所不能也無所不做。他會不斷地為孩子解釋一個科學概念，直到他們完全瞭解而且感到興奮為止。艾倫視這個節目為闔家共賞的節目，她開玩笑地說自己就是節目的目標對象，如果劇本她看不懂就得重寫。也因此，「比爾教科學」獲全美家長最佳選擇獎的肯定，1998年5月，更得到第二十五屆艾美獎最佳兒童節目主持人、最佳兒童節目編劇、最佳音效合成、最佳音效製作、最佳攝影五個獎項。

比爾篤信的座右銘是：「一次測試勝於一千個專家觀點。」他認為最佳的科學裝備是顯微鏡，有了一架顯微鏡，我們可以看到的世界超乎想像。收看「比爾教科學」，我們同樣也會驚奇發現，原來科學世界超乎我們想像的——瘋狂！

怪頭博士

（美國——學齡科學教育）

「怪頭博士」原名Beakman's World，是美國製作的節目，1992年9月在有線電視系統的學習頻道(The Learning Channel)初次登場，1993年9月以後，由新力公司(Sony)與哥倫比亞廣播公司(CBS)合作，每週六上午於哥倫比亞電視頻道播出。臺灣地區將節目譯為「怪頭博士」，配上中文發音，曾安排於探索頻道播出，隨著該頻道暫時退出臺灣市場，國內觀眾須等待機會才能再次收看這個節目。

兒童科學

「怪頭博士」是以科學為主題的兒童節目，利用日常生活中的切身經驗為例，生動鮮明地解釋大自然、科學以及世界如何運作的問題，例如為什麼天空是藍的？為什麼我們會有鼻涕？為什麼坐車時要繫上安全帶？將接觸科學的經驗，設計為一場半小時的驚奇探險之旅。

第一季節目主要角色有頂著一頭巨大亂髮的怪頭博士，穿著老鼠裝、走起路來就發出怪聲音的「鼠人」萊斯特，頭髮綁著四根沖天砲、神經質而瘋狂的女孩喬西（第二和第三季、第四和第五季皆更換女助理角色）等。怪頭博士是一位不怎麼正經八百，卻對科學有狂熱好奇心的科學家，他全心奉獻自己來回答孩子們的問題，在助手的搭配下，常在實驗室裡進行令人詫異地瞪大眼睛的實驗。

輕鬆解惑

節目形式設計是由兩隻小企鵝（泥偶），在南極打開電視收看「怪頭博士」開始，接著轉場至怪頭博士實驗室，喬西唸出一封兒童來信，信中詢問的問題即為該集節目主題，不管多麼希奇古怪，或多麼希鬆平常，怪頭博士都運用模型、道具、圖卡、動畫來解釋現象，甚至將這些解釋編成熱門歌曲載歌載舞。最重要的是，節目中怪頭博士一定親手操作實驗，讓觀眾親眼目睹並驗證一些科學定律。兩隻南極小企鵝穿插著出現，評論、回應怪頭博士在節目中的表現。節目尾聲有「問題速答」單元，怪頭博士用誇大的手勢或圖卡解答四至五位兒童來信提出的疑問。

此節目風格是情境喜劇，對白幽默搞笑、節奏快、影像強烈、色彩鮮明、人物設計搶眼、道具豐富、頻頻轉換場景。節目的音效設計尤其讓製作群自覺驕傲，平均一集節目中有一千五百種不同聲音，即使是小細節也不放過。譬如某集節目設計一鼻子的大模型，把風扇打開，有風扇的音效，將羽毛吹入鼻子模型，來解釋鼻涕的過濾功能時，耳尖的觀眾能聽到雞叫的音效。

重複加強意念

節目目標觀眾設定為所有年齡的小孩，但高年級兒童可能較能在其快速率，及令人目炫的轉場下接受訊息。然而節目運用了「重複性」的技巧，只選擇一、二個概念為主題，不斷延伸、反覆提及，如「鼻涕」一詞，「鼠人」萊斯特唸出一大串鼻涕又叫流動蛋糕、黃條蟲、我的小手指等，即在加深觀眾對該集主題「鼻涕」的印象。

怪頭博士一角的喜感和博學，是這個節目最引人注意的焦點，飾演怪頭博士的演員保羅・拉農(Paul Zaloom)自1971年起，即在劇院開始其職業表演藝術者的生涯，他善於操偶，言語幽默諷刺，經常自編自導自演獨秀節目，還自己賣票。成名後受邀在歐洲各國劇院或節慶時演出，1988年起，保羅・拉農開始演出喜劇電影，但仍鍾情於他的偶戲表演，屢次在歐美地區獲得節

目設計獎及表演獎。

笑翻天

　　喜劇式的科學節目定位，是「怪頭博士」在兒童節目中獨樹一幟的特色。首席編劇凱西・凱勒(Casey Keller)在為「怪頭博士」寫劇本前，已有十五年情境喜劇的經歷，作品包括著名影集「愛之船」。缺乏科學知識的情境喜劇編劇，換跑道來寫兒童科學性節目，會不會不夠專業呢？執行製作人力邀凱西參與時，明白告訴她這不是問題，因為他們有研究人員撰寫課程，這節目的編劇要做的就是「添加笑料」。

　　編劇群不辱使命，他們把怪頭博士浸到水槽中，來解釋什麼叫「排水量」；怪頭博士和助手們雙手髒兮兮地修理阻塞的排水管，來解釋醫生如何治療心臟病。編劇不斷反芻研究人員撰寫的「科學劇本」，轉化成「喜劇劇本」，凱西陳述自己為了這個節目，彷彿重新回到九年級時上科學課的童年，她又幽一默地說，經此磨練，終於讓她瞭解「潛能」和「動能」的不同。

主動來信

　　節目中的兒童來信是真的，每週「怪頭博士」製作單位收到數千封兒童問問題的信，沒有人告訴他們可以寫信給製作單位，但他們自己這麼做了，因為這個節目激起他們對科學的好奇和對知識的饑渴。

　　「如果每天吃一個漢堡，有一天你會吃掉一條牛。」製作群相信沒有兒童學不會的科學現象。他們的作法是把科學細分成小小的、易見的現象，雖然這些現象對成人而言是微不足道，而且早已知道，但對兒童來說，正要開始學習且真正學習，更重要的是學習如何學習。

好節目需要支持

　　如果你覺得有著一頭奇異亂髮的怪頭博士很聒噪，那麼你得佩服製作群為節目取名為 "Beakman's World" 也充滿創意和搞笑，"beak" 是鳥喙，這個

博士既然有像鳥一樣尖尖的嘴巴，自然是吱吱喳喳講個不停囉！

　　1997年9月以後，因為哥倫比亞電視臺在續簽下一季節目時搖擺不定，怪頭博士在美國本土面臨時段被卡通影片取代的威脅，這是商業電視臺的常態。其製作人在續製節目之餘，不得不站出來呼籲「怪頭博士」的支持者，向新力公司和哥倫比亞電視臺建議，讓「怪頭博士」繼續和孩子們一起領悟科學的驚奇。畢竟教育下一代所獲得的收益，並非金錢可以衡量。迄2000年底，該節目雖然產製困難重重，但已完成的五季節目在各地方臺帶狀播出，魅力有增無減。

兒童天地

（臺灣——學齡科學教育）

「兒童天地」為國內中視與《民生報》聯合出資，委由傳播公司製作的科學類學齡兒童節目。1981年8月6日播出第一集，迄2001年已播出二十年，製作節目近千集，為國內製播最久的常態性兒童節目。該節目為每週播出一次的塊狀節目，播出時間時有更動，但是固定在中視頻道播出。

純外景報導

「兒童天地」以自然科學為中心主題，最初之內容包括生物、物理、化學、甚至美勞、民俗，透過觀察實驗，引導兒童主動參與科學探究，啟發其思考能力，目標對象為中、高年級兒童。爾後節目內容漸以大自然之動、植物為主。

中年級以上的兒童對於科學的興趣漸濃，尤其某些大自然景觀和現象，可能是他們的生活經驗中不易接觸，或不會特別注意觀察的，透過電視視覺媒體呈現，正切合他們的求知欲。

形式設計上，該節目採純外景報導，由一位約二十至二十五歲的大姊姊，以及布偶猴子皮皮當主角，皮皮由大姊姊操作，藉由他們的對話帶出節目內容。二十年來，大姊姊換過許多人擔任，節目型態及布偶角色很少改變。2001年4月4日，「兒童天地」推出新一季節目，不僅更換了新主持人八寶姊姊，猴子布偶增加為兩個——寶妹、小皮，而且大姊姊與偶分開錄影，雖有對話設

計，但是人與偶並不出現在同一畫面。

　　該節目一向靈活運用影片、圖片與布偶多種手法，傳達大自然的奧祕。在介紹動、植物時，都會強調牠（它）的特性，並搭配圖示說明。如介紹蝴蝶，便會特別強調牠的口器，再用圖示指出口器在用與不用時的差別；介紹昆蟲的複眼，除器官部位圖卡外，進一步輔以顯微鏡下放大的圖像來說明。如此視覺化的呈現方式，擴大知識性節目的學習效果，對學齡兒童也達到吸引注意力的目的。

拍攝技巧重視美感

　　電視影像的動感，非平面印刷圖片能及。「兒童天地」的野外攝影技巧重視美感的經營，節目推出時，畫面的精緻感令人耳目一新，加上豐富精彩的知識性內容，受到家長和教師們肯定，因此廣受好評。節目播出第二年，即獲教育部頒獎，1983年參加西班牙希洪國際兒童與青年影展獲特別獎，1983年、1985年、1986年、1992年四度獲得金鐘獎最佳兒童節目獎，1985年並同時獲得最佳兒童節目主持人獎。

　　不過，大姊姊與布偶的對話有許多是閒話家常，對話越久，相對的，轉至影片的時間便縮短。若能精簡過場的對話以及純口述的說明，提高節目進行節奏，節目定能更具魅力。

跨媒體合作

　　該節目源起於《民生報》的構想。《民生報》兒童版每週均舉辦學藝活動，帶兒童到野外進行自然觀察，因此主動向中視提案，尋求合作電視節目。中視鑑於廣播電視法中規定，商業電視臺每天必須至少播出兩檔兒童節目，加上信任《民生報》對兒童科學活動的策畫能力，因此同意提供節目時段，並提撥兩檔廣告收入做為經費挹注。至於節目內容由企畫、編劇到拍攝完成，以及仍不足之經費，由《民生報》統籌。

　　由印刷媒體與電視媒體跨媒體合作，是兒童天地的另一特色，節目內容

每週在《民生報》刊登，播出後由中視文化公司發行節目錄影帶，做為教師教學輔助教材，創立國內兒童節目經營模式上的另一範例，也是該節目能長久存在的主因。

自然影像資料庫

　　二十年的長期經營，製作單位已經累積了豐富的自然影像資料庫。1999年8月，民生報提供生態保育畫面，製作124集、每集二十秒的影片，於中視新聞全球報導中播出，由金車文教基金會贊助。民生報戶外版又以圖文方式配合，與節目同步刊出「臺灣生態美展」專欄。在有限資源下，開拓兒童節目運用的途徑。

題材取之不竭

　　多樣性一向是臺灣舉世聞名的生態特徵，為傳遞大自然知識的兒童節目提供取之不竭的題材，即使是舊主題，以新的攝影、製作技術重新呈現，仍然值得每一代的兒童學習。

　　雖然「兒童天地」有固定的收視群，但節目時段更動頻繁，偶而又因電視台安排特別節目，臨時停播，造成節目擴展觀眾群不利的因素。「老」節目值得珍惜，「兒童天地」的持續製播，象徵著臺灣電視界對自然教育的重視與貢獻。

神偷卡門在哪個時代

（美國──學齡歷史教育）

「神偷卡門在哪個時代」(Where in Time is Carmen Sandiego)是美國公共電視網的兒童節目，它的「前身」是地理教育節目「神偷卡門在哪裡」(Where in the World is Carmen Sandiego)，原班製作小組從1996年起，將該節目更動為歷史教育，即「神偷卡門在哪個時代」。不過，兩者節目形式設計大同小異。

以競賽形式吸引收視

節目的進行採競賽形式，一開始ACME時間網首領在總部出現，交代今天的任務，固定的任務是追緝「壞人國際邪惡聯盟」的首腦人物卡門・聖地牙哥。狡猾的卡門正計畫她下一次的掠奪，或許她會偷走世界上第一個收音機送信器，或從波士頓茶會中把茶偷走。她召集下屬即時執行她的命令，並且摧毀犯罪現場。ACME時間網必須在二十八分鐘內將被掠物奪回，否則歷史將被改寫。

設定好須重回的歷史軌程後，ACME時間網首領警告騎兵領隊（即主持人）應注意事項，並要求聘雇三位時間領航員（即競爭者），負責向時間航行器的操控臺通報訊息。他們的目標是取回並歸還被竊失物。

分階段進行

　　第一階段競賽，三位時間領航員必須回答一連串問題，來追緝卡門的行蹤，這階段將淘汰一名領航員，留下二名領航員取回失物，參加第二階段競賽。

　　第二階段競賽，二名領航員必須把失物歸回正確的歷史年代，並將八個指定的歷史事件依距今最近到最遠的順序排列，正確者可參加最後階段競賽。

　　最後階段競賽是能否逮捕卡門和她的黨羽的重要關鍵，參賽者站在時間之門前回答問題，答對一題時間之門會開一次門，答錯一題將耗費領航員一定的逮捕時間，如果答完全部六題，所累積耗費的時間不超過九十秒，表示成功地逮到卡門，否則卡門將逃脫，準備下次再度做案。當然，即使卡門這集被抓到，她還是有辦法趁隙溜走；而最後一位領航員不管有無完成任務，都會因為他的英勇得到獎勵。

遊戲式學習

　　這個節目的主要目標觀眾是國小四到六年級兒童，節目在熱鬧的現場氣氛下進行，遊戲式學習使得歷史變得生動有趣。每集內容以一個議題為主，例如交通工具、政治發展等。節目宗旨是希望觀眾能察覺，不同年代所發生事件間的相互關聯和影響，並思索如果卡門的罪行得逞，對歷史所產生的後果，最重要的是，培養「歷史思考技巧」──一種從不同觀點洞察事件的能力。

　　無論是地理教育或歷史教育，卡門‧聖地牙哥這位假想壞人的芳蹤遨遊各國、穿越時空，激起兒童探究地理和歷史的欲望。在兒童節目的世界，任何內容都可以成為創意的實踐，卡門‧聖地牙哥的設計讓一般人刻板印象中的嚴肅素材，展現了迷人的吸引力。

藍色彼得

（英國──學齡生活教育）

　　「藍色彼得」(Blue Peter)是英國公共電視網(BBC)最具代表性的自製學齡兒童節目，從1958年10月16日首播迄今，已超過四十二年，同時也是世界上播出最久的兒童節目。這個節目剛開始是一星期播出一次的十五分鐘塊狀節目，爾後調整至每週一、三、五下午五時五分至五時三十五分於BBC 1頻道播映三次，隔天早上八時至八時三十分於BBC 2頻道重播，而且週一、五的節目是衛星現場轉播，創下兒童節目衛星現場節目的先例。

一艘船上的旗子

　　「藍色彼得」目標觀眾群設定為六至十二歲，而實際收視的觀眾群是八至十歲，平均每集收視率超過35%。「藍色彼得」這個挺特別的節目名稱來自一艘船上的旗子，這面旗子上有藍、白兩種顏色，當船將開航時，旗子就會被升起。因此，BBC就以一艘揚著藍色旗幟的大船做為節目精神標誌，意味著這個節目能帶領觀眾航向刺激、冒險、探求新知之地。而節目主題曲的開頭，一定是一段蓄勢待發的興奮鼓樂。

濃厚的家庭觀念

　　主持人是節目主要靈魂人物,目前藍色彼得的主持人是二男二女的搭配。他們除了具有親和、友善的特質外，也需充滿運動的精力，以便勝任如跳降

落傘、爬山等戶外活動的親身參與。此外,他們還必須配合節目,多方充實關於環境、音樂、動物、歷史、科學、體育等常識,在廚藝單元裡男主持人也需要學習烹飪技巧。從1962年起,節目中就設計狗、貓、烏龜、鸚鵡等動物與主持人搭配出現,來吸引無法在家養寵物的兒童,BBC還曾為這些動物演員舉辦命名活動。在愛護動物的英國,這些寵物與人的相處,傳達了濃厚的家庭觀念,使節目倍增親和力。

走出戶外

節目開播三十一年,「藍色彼得」都是一個精緻的純棚內節目,直到1989年6月8日,在北愛爾蘭政府贊助下,製作群出機到北愛爾蘭的Carrickergus城堡,才開始有外景影片。這次走出戶外的轉變帶給製作團隊非常愉快的經驗。不久又與伯明罕的一家醫院合作,製作「嬰兒的一天」單元。主持人卡儂在育嬰室做報導,並訪問剛生產的媽媽們。從此,外景成為節目的固定單元,倫敦科學博物館、廢紙回收廠、希斯洛(Heathrow)國際機場五十週年紀念,都曾是報導專題。

典型英國風格

這個節目屬於雜誌型節目,內容包羅萬象,有時是即時的時事話題;有時是每年該節目設計的定期特別活動,例如趣味賽跑、夏日遠征、聖誕節舊物義賣,募款援助國內外不幸的人們,這時甚至會播出二十五分鐘影片,主持人只是串場。固定的單元則有寵物介紹、音樂會、烹飪,以及製作人員們一起在BBC大樓旁開墾的野生花園情況。和一般MTV風格的雜誌型節目不同的是,「藍色彼得」並不快節奏地分割單元,也不大量使用特效轉換場景,而是呈現一種保守穩重的典型英國風格。

獎勵徽章

節目最吸引兒童參與的是獎勵徽章的設計,分為藍色、綠色、銀色、金

色和競賽徽章五種。如果兒童寫一封有趣的信，或寄畫作、詩作、模型給BBC，就能得到藍色徽章。如果對節目內容提供妙點子，就能得到銀色徽章。綠色徽章是頒給對環境保護議題提出具體建議，或有實際行動的人。至於金色徽章，一定得有傑出表現才能擁有，例如救人一命或見義勇為事蹟。競賽徽章是頒給節目所舉辦的競賽的獲獎者。得到「藍色彼得」徽章不僅是榮譽，還可當作全英國一百個以上博物館和觀光景點的參觀通行證，因此英國兒童莫不以衣襟上別有一枚「藍色彼得」徽章為傲。

一氣呵成地演出

「藍色彼得」有兩組專屬製作人員，各負責一天的現場轉播節目。上午工作人員和主持人即需確認一遍所有器材、場景、道具、音樂、臺詞都沒有問題，下午則就各單元試演一遍，然後再配合攝影師、音效人員完整彩排一次，最後才能於播出時流暢無誤地現場表演。它的攝影棚大到可以容納一輛雙層巴士開進棚內，做為音樂會的舞臺。平時錄影時，所有場景（固定有三個基本場景）能同時搭建，因此，足以供衛星現場轉播作業模式所需的空間利用，主持人在各場景間移動，一氣呵成地演出。

連年獲獎

製作嚴謹是做為一個好節目必要的特徵，該節目創始人之一比蒂·巴斯特(Biddy Baxter)，從1962年至1988年先後擔任製作人、編輯的職務，長達二十七年的時間，領導製作團隊創造節目製作水準。她最不喜歡聽到「這不可能完成」、「時間不夠」、「這真的重要嗎?」的話，對她而言，觀眾是她的「顧客」，必須竭盡所能提供給他們最好的產品，「這絕對可能」、「我們找得出時間」、「是的，這很重要。」比蒂對節目的熱誠不曾因時間而稍減，使得「藍色彼得」的節目創意源源不絕，連年獲獎，其中最光榮的事蹟之一是，1970年至1974年連續五年得到英國電視太陽獎（1974年是最後一次舉辦）的最佳兒童節目獎，大會因此再頒給它一座特別獎。

不發售錄影帶

　　雖然目前這個節目有三千集以上的節目存檔，卻不發售錄影帶，唯一發行的節目帶是1993年10月16日所製作的三十五週年慶特別節目 "Here's One I Made Earlier"，由喜劇女演員海倫・里達爾(Helen Lederer)追蹤過去曾出現在「藍色彼得」節目中的觀眾近況，前主持人約翰・諾亞凱斯(John Noakes)回顧二十年前他所主持的節目片段。

屬於英國兒童

　　不發行錄影帶的原因之一是該節目長期常態性播出，取材具即時性，觀眾沒有收藏錄影帶的必要。再者，節目一直以英國兒童為收視對象，重心是呈現英國人民和英國的生活，同時描述外國人的生活，拓展英國兒童的世界觀，因此，它的形式或許可以被模仿，但內容上並沒有辦法賣到國外去。曾有人建議BBC將節目朝更具國際性與流行感來設計，以便提高好節目的商業價值，賣到國外市場，然而BBC仍堅持維持這個節目「屬於英國兒童」的特質。

跳動的鼓聲

　　英國已有四個世代的孩子們，搭過「藍色彼得」號大船駛過童年，這是英國人從老到少共同的成長回憶。當現任製作人奧利佛(Oliver)被問及節目會做到什麼時候，他自豪地回答：「那要看BBC的收視費何時停止徵收。」在跳動的鼓聲激勵下，「藍色彼得」將風光地繼續它二十一世紀的航程。

兒童自製兒童節目

兒童擁有傳播權利

歐美現在常用「年輕人」(young people)來稱呼兒童，不僅意涵他們是children、kids，同時彰顯他們的人權，包括傳播的權利。以此立場，兒童與電視議題不再只是討論如何呈現兒童的自然面貌，不被塑造成無知、無助的形象，更進一步訴求和他們商量想要怎樣的節目內容和怎麼做，讓他們能夠表現出自己，表達自己的觀點。

另一方面，鼓勵兒童參與節目製作，被視為媒體教育的落實行動。透過攝影鏡頭，兒童得以觀察他們的生活，建立自尊、自信，學習承擔責任、紀律和團隊合作、問題解決策略。從完成節目過程中獲得媒體素養，洞悉電視能夠對他們施予的魔法和把戲，相對的，培養出預防電視不良影響的抗體。

所謂兒童自製節目，有的出自兒童的構想，由成人協助拍攝、後製完成，有的則全由兒童掌鏡、導演、剪輯。兒童總是有潛能問出令人無法預期的問題，為舊節目形式帶來新的氣象，全世界的廣播業者愈來愈重視去開發兒童這種潛能。他們訓練兒童報導、製作並主持電視新聞、紀錄片等，或擔任企畫、編劇，製作新型態的兒童節目。

兒童影展的生力軍

美國是最早在電視上播出兒童自製節目的國家，近年還舉辦專屬於十八

歲以下年輕影像創作者的後院國家兒童影展 （Backyard National Children's Film Festival，簡稱BNCFF），鼓勵兒童創作兒童電影和電視節目。該影展每年提供六個獎學金名額，選拔具有潛力的年輕影像工作者，進入正規的電影電視學校，接受專業訓練，或者安排到製片公司實習。平時，BNCFF設有常態性的交誼中心，隨時歡迎兒童光臨，分享他們的點子和充實技巧。

一般兒童影展如芝加哥國際兒童影展，以及兒童媒體高峰會議，自1995年後，都有播放兒童自製的兒童節目趨勢。歐洲也於1999年起，每年為兒童影像創作者舉辦影展和媒體教育工作坊，讓歐洲各國兒童帶著自己的作品來交換節目、觀念和經驗，或者尋找下個節目的合作夥伴、接受專業人員指導、獲得到電視臺實習、磨練的機會。

兒童涉入兒童節目製作的現象，代表兒童們已經躍升為積極的主體，而不再只是被動的客體。他們不再只是接受應有的尊重與權益，更主動去爭取這些尊重和權益。兒童自製兒童節目的概念，早在七〇年代就已興起，以下介紹兩個知名的兒童自製節目──「特寫鏡頭」(Zoom)、「五和五以上」(5 and Up)。

特寫鏡頭

「特寫鏡頭」(Zoom)是第一個完全由兒童主持的節目，由WGBH公司為美國公共電視網(PBS)製作，以和在家觀眾互動的型態，創造出風格。1972年1月，「特寫鏡頭」初次登場，主持人是七位九至十三歲、背景各自不同的孩子。他們一起工作，企圖挑戰電視的互動性，在一組專業的成人團隊協助下，製作半小時的帶狀教育節目，週一至週五下午六時播出。

「特寫鏡頭」的製作概念來自1971年，NBC星期六早上播出的一個一小時節目「大躍進」(Take a Giant Step)。這個節目因為一直未達商業電視臺所要求的收視率，而遭腰斬。WGBH公司卻從中獲得靈感，認為由兒童為自己設計節目，創意十足，進一步爭取公共電視的資源，共同促使「特寫鏡頭」的誕生。

(一)觀眾提供點子

　　這個節目運用兒童日常生活所熟悉的活動，它有一個固定單元是五分鐘的紀錄片，由觀眾提供點子，例如一個男孩做木筏的全部過程；一群孩子在空地上劃出曲棍球場，隨後舉行一場改良式陸上曲棍球；一位鄉下女孩在家中做日常雜務；這些日常生活情節，吸引了觀眾的大量注意力。

　　節目中主持人發明了用「Ubbi-Dubbi」方式交談，在每一個音節前放入「ub」兩字，例如把whatever說成wh-ub-at-ub-ever，成為時下兒童競相模仿的流行語法。此外，節目單元還有詩歌朗誦、笑話、故事、遊戲等，全都依據觀眾寫信提供的點子來設計。這個節目播出的第一個星期，收到5359封信，爾後播出期間，每星期的觀眾來函超過二萬封。

　　節目製作人Christopher Sarson說：「這個節目就是孩子們一起遊戲、唱歌、跳舞，主持人就是孩子，他們每集的表現都無法複製，我們甚至不需要編劇，我們信任孩子，和他們寫信來提供的點子。」

(二)主持人不能拍廣告

　　至於挑選主持人的標準，Sarson表示，每個孩子幾乎天生都具有唱歌、跳舞的潛能，「特寫鏡頭」不需要這兩方面的天才，而是需要自然氣質的兒童。每兩年主持人汰換掉半數，而且沒有任何主持人持續兩年以上。WGBH要求父母簽署同意書，同意這七位主持人五年內不得拍商業性廣告，離開節目後三年內不得出現在其他電視節目。這項規約有效地遏止那些想藉「特寫鏡頭」成名，進而踏入演藝圈的人。

(三)重回舞臺

　　儘管大受歡迎，「特寫鏡頭」傳出第三季沒有預算續製，主持群徵求觀眾寄照片到節目表示支持，結果他們收到四萬張照片。1979年，「特寫鏡頭」終於下檔。二十年後，WGBH重振旗鼓，「特寫鏡頭」以嶄新的面貌再度出現在PBS。它就像老朋友一樣，回到睽違已久的觀眾面前。一位忠實的成人影迷說道：「雖然節目的模式是以前的基礎，可是「特寫鏡頭」在今日依舊是一個偉大的構想。」

　　不過，對成長於七○年代的人而言，他們懷念的是那個時代的主持人，因此，新的「特寫鏡頭」播出後，竟然掀起一股蒐集二十年前舊錄影帶的熱潮。對一些陪孩子收看節目的父母而言，他們最關心的事是：「我十二歲時看到的那幾位演員，現在在做什麼呢？他們成為吸毒者或者是波士頓公立大學的教授？」

（四）以網路參與節目

　　現代版的「特寫鏡頭」也有七位主持人，2001年元旦起已推出第三季，每季製作四十集新節目。每集節目的單元涵蓋詩、科學、運動、遊戲、笑話、童話、烹飪，此外，每集都有一位特別來賓。第三季的新單元有「Zoom in Action」，報導兒童在社區當義工，所做的不一樣的事；「Znack」，示範小點心烹飪；「Book Review」，列出最新出版的書、電視節目、音樂、電影，請觀眾依喜好程度投票，或投稿心得。

　　當然，節目所有的內容都是根據觀眾來信而設計，這是「特寫鏡頭」永遠不變的特色。有時製作單位會收到對同一件事相反的意見，那麼他們會暫且保留，徵詢更多的意見。網際網路成為熱門新媒體，幾位主持人又在專業人員協助下，規畫了「特寫鏡頭」網站，所有播送過的節目內容都以遊戲方式張貼上網。E世代觀眾對屬於他們這一代的「特寫鏡頭」，討論更熱烈，投票就在點選之間，有點子提供，直接上網傳送，參與程度更甚以往。

五和五以上

　　這是菲律賓兒童自製的雜誌型態節目。菲律賓是亞洲中最積極重視兒童電視的國家，1983年即與美國兒童電視工作坊聯合製作幼兒節目，隨即自行研發新節目，並設立兒童電視中心，在亞洲主辦大型的研討會議，於國際性會議中，常代表亞洲發言。

　　1992年，私人的Probe製作公司認為有必要為較年長的學齡兒童，設計兼顧教育和娛樂的節目，他們於ABC-5頻道推出「The Probe Team」，節目中以兒童為主持人來報導各種議題，如菲律賓鷹、少數族裔兒童、髒冰淇淋。製

作單位原本擔心「The Probe Team」不會被兒童觀眾接受，但出乎想像的，該節目大受菲律賓兒童歡迎。第二季起，製作單位將節目更名為「5 and Up」，俏皮易記，並設計更多的故事和好玩的片段，頻道則移到GMA-7播出。

㈠親身體驗所報導的事

「五和五以上」主持群共有十三位，年齡層為九至十四歲，他們擔任採訪、撰稿、主持，每星期六為電視機前和他們一樣大的觀眾，報導名人以及日常人們所發生的有趣故事、好玩的地點、事情。這群主持人不僅問問題而已，也主動試著體驗他們正在報導的事，例如乘皮筏泛舟、以水肺潛水、種植小樹苗。他們像和朋友分享一般，與觀眾分享他們的學習經驗。

㈡都會兒童熱衷

主持群幾乎每年更換，因為主持人一旦超過十四歲，就得從節目中「畢業」。該節目設有影迷俱樂部，八至十四歲可以加入成為會員，十五歲以上為榮譽會員。據統計，十四歲以下的影迷近七成，有三成影迷是十五歲以上的大孩子。82%的俱樂部成員住在馬尼拉，可見都會兒童對自製兒童節目，明顯熱衷。

兒童節目不退潮流

聯合國兒童基金會極力在第三世界，推動兒童自製報導性節目，以及紀錄片，並安排在世界性高峰會中播放，最真實地傳達落後地區兒童的觀點和生活狀況。「請問總統」，一位烏拉圭兒童在自製節目中擔任小記者，訪問該國總統說：「當你做了錯誤決定或做錯事時，誰來處罰你？」總統必須在眾目睽睽之下，微笑地為兒童解釋這個問題。

一位協助兒童自製節目，樂此不疲的聯合國執行製作人說：「我經常聽到只有兒童才問得出來的問題，他們給我太多做節目的點子。」新媒體時代，因為兒童所擁有的潛力和思維，傳播科技再發達，兒童節目都可以是不退潮流的創新節目。

兒童教育頻道

　　據研究調查，臺灣兒童的生活安排，平均每天有三小時三十分鐘在電視機前休閒及學習。兒童看電視究竟是不是好習慣，必須視收看的節目品質而定。高品質的電視節目可以協助兒童學習，並獲得正確的資訊，但低品質的電視節目卻會誤導兒童，產生偏差行為或建立不正確的認知。基於教育，以及兒童必須被視為特殊收視族群等理由，世界各國陸續成立兒童教育頻道。

新兒童頻道方興未艾

　　有線電視和衛星電視興起，帶來理論上可以容納無限頻道的傳播科技變革，完全播放兒童節目的頻道想法自然實現。歐洲自1997年，幾乎每個月都有新的兒童頻道出現。

　　然而，所謂兒童教育頻道，須兼顧兒童為收視對象，並考量兒童收視節目的影響，而以播出寓含教育意義的節目為經營策略；節目形式多元，包括動畫、紀錄片、益智競賽、綜藝、家庭生活劇、實景報導等。因此，以兒童為訴求的頻道如迪士尼(Disney)、尼可羅頓(Nickelodeon)、卡通網(Cartoon Network)、福斯兒童(Fox Kids)、泰勒通(Teletoon)等，節目中娛樂性卡通或影片比例高，並不標榜為兒童教育頻道。而如美國的學習頻道(Learning Channel)、英國的第四頻道(Channel 4)等教育頻道，並非以兒童為主要觀眾，因此也非兒童教育頻道。

(一)有線與衛星業者經營

最早的兒童教育頻道由有線電視業者經營，收視費和廣告收入是支撐頻道的主要財源。如：法國於1985年即成立Canal J；加拿大於1988年成立YTV，全天候播送節目；1999年10月，西班牙Antena 3電視臺成立兒童頻道Megatrix，自早上七點起，每天播送十七小時；以色列Matav電視網，於1999年11月推出幼兒頻道，自早上六時三十分至晚上七時，提供適合幼兒觀賞的節目。

(二)公共廣播體系經營

兒童教育頻道有隸屬於公共廣播體系者，如：德國1997年成立Kinderkanal；印度德里的兒童教育頻道設立於1998年，一半節目使用英語，一半使用地方語；美國公共電視網(PBS)在進行旗下電視臺數位化後，於2000年初推出一全天候的兒童頻道PBS Kids；世界上最早播出兒童節目的英國廣播公司(BBC)，亦斥資一億四千萬美元，預定於2001年為學齡前兒童、六至十二歲兒童各發展一數位兒童頻道。這體制下的兒童頻道另一特色，是不播放商業廣告、廣告不插播在節目中。由執照費、電視稅、捐贈收入充作經費來源。

(三)年齡分隔趨勢

兒童頻道在經營上有進一步進行分齡區隔的趨勢，其一是採時段區隔，如西班牙Megatrixy安排早上七時至九時、中午至二時為五至十歲兒童節目；下午三時至四時為幼兒節目；下午四時至九時為五至十二歲兒童節目；九時以後為十二至二十歲青少年節目。

其二是另外成立幼兒頻道，例如：加拿大YTV初期有三百七十萬在家觀眾，十年後增至七百六十萬（含成人觀眾為九百五十萬），遂於1997年11月，另成立Treehouse幼兒頻道。也因此，幼兒頻道增加率遠勝於學齡兒童頻道。

由於公共廣播體系才正要開始經營兒童頻道，以下介紹目前代表性的民間有線電視兒童教育頻道。

法國Canal J

　　法國早於1985年即成立Canal J，獨立經營，為三至十四歲兒童提供各類型節目，為法國第二大主題頻道。Canal J開播二年，在家觀眾達三百萬人（當時法國三至十四歲兒童有八百萬），據調查，兒童收看Canal J的時間，為其電視總收視時間的百分之三十，兒童教育頻道的前景深受看好。

㈠節目貼近兒童生活

　　1996年至1997年，Teletoon France、Fox Kids、Cartoon Network、Disney相繼進駐法國，Canal J面臨前所未有的威脅，收視率下滑至第三名。1999年3月，由Europe 1 Communication取得經營權，進行一翻改弦易轍：其一，將七至十二歲兒童設為核心觀眾；其二，減少節目自製比例；其三，推出新口號：「你所看到的就是你」(It's you that you see)，以更現代更誘發式的設計，貼近兒童生活，強調節目中兒童的英雄地位。

㈡設計特別節目

　　時段策略上，首先固定播出時間，讓兒童習慣收視自己喜愛的節目。其次是推出「特別節目」，如情人節時全天播出以愛為主題的節目；與NBA合作推出一系列以籃球為主題的節目。

　　Canal J開播數年，兒童頻道收視率佔全法觀眾5～6%，現今提昇至15%。Canal J已累積有五千小時自製節目資源，2000年底，針對二至七歲兒童，另成立TiJi幼兒頻道，其節目亦在非洲及東歐法語系國家播出。

美國Kermit

　　創立於美國、行銷於世界的Kermit兒童頻道，播出的節目健康而且能讓兒童快樂學習，1999年1月，頻道代理商亦引進臺灣市場。

㈠兩大教育節目公司聯手合資

　　Kermit頻道的靈魂角色是一隻名為Kermit的綠色青蛙，他有著一顆善良的心，而且多才多藝。早在1969年「芝麻街」第一季播出時，這隻有歌唱天

賦、會彈奏五弦琴的大青蛙，就是主要布偶角色之一。七年後，Kermit因為在節目中自成風格，脫穎而出，影迷遍及一百多個國家，它開始拍電影、出書，甚至出唱片，後來Kermit更成為世界上唯一擁有自己頻道的布偶巨星。

Kermit頻道是美國以製作家庭及教育節目著稱的Hallmark娛樂公司，以及四十多年來致力於兒童教學節目的吉姆‧韓森公司(Jim Henson Company)合資組成。Hallmark擅長影片及戲劇節目，由布偶大師吉姆‧韓森創辦的吉姆‧韓森公司，則擁有一流的布偶及動畫製作技術。Kermit頻道運用兩家母公司的資源，得以超過四千小時的自製家庭育樂節目，在全球各地二十四小時播放，而且各個年齡層的觀眾都能找到適合他們的節目。

Kermit青蛙一直是此頻道的註冊商標，他以孩子們最忠實的朋友自許，陪伴著孩子們成長、學習。Kermit頻道在全球播放後，這隻綠色的大青蛙流行全球，並曾獲得美國總統接見及各知名電視節目訪問。

㈡經營幼兒節目區段

著名的幼兒節目「芝麻街」一直是該頻道的代表節目。1999年10月起，Kermit頻道在亞洲推出一新的幼兒節目「曼波塔的店」(MOPATOP'S SHOP)，和原有的「芝麻街」、「靈犬魏斯朋」、「派比畫室」、「動物秀」、「布偶總動員」、「布偶劇場」等節目，在上午七時至九時三十分、下午四時至七時三十分，構成一帶狀學齡前及低年級兒童節目區段。

㈢娛樂與教育節目區隔經營

該頻道節目安排上的另一特色，是將娛樂節目和教育節目區隔，集中安排在上午七時前、下午一時至四時，另闢一兒童娛樂節目區段。這個區段的節目包括：「弗雷哥族」、「膽小貓歷險記」、「黑星」、「太空先鋒隊」、「魔法教室」、「家有火星人」、「神奇小子」等動畫或卡通節目。然而，這區段內的節目仍不忽略教育本質，如「弗雷哥族」，節目中巧妙地帶進了科學常識，是曾獲影展肯定的優良卡通。

㈣影集適合親子共賞

除了兒童之外，Kermit頻道也希望能讓家長喜愛這個頻道。Kermit的兩大

創始公司都相信，最好的學習環境是由父母親帶領孩童一起學習、一起成長，如果能由父母親帶領兒童一同觀看電視，不但可以隨時引導或指正孩童在觀看電視時所獲取的資訊，更可以拉近親子關係。

有鑑於此，Kermit也在日常的節目中，安排了一些可供闔家一同觀賞的影集，如「清秀小佳人」、「風中情人」、「我愛克麗絲汀」、「地球外星一家親」等，時段則安排在中午十二時至一時、晚上七時三十分至九時三十分。

Kermit頻道雖然在國際間擁有良好的口碑，進入臺灣才一年，卻因市場佔有率小，知名度難以擴展，而面臨生存危機，不得不暫時退出臺灣。

臺灣東森幼幼臺

在國內已呈飽和狀態的有線電視市場中，東森幼幼臺(YoYo TV)以幼兒節目為經營方向，引進國外優秀兒童節目，並開始自製，可列入兒童教育頻道雛型。

㈠與國外卡通頻道不同的市場區隔

東森幼幼臺籌備前，對國內外電視頻道做了一番研究，發現國外先進的國家都有兒童頻道，相對的，國內兒童節目貧缺而不受重視，然而教育趨勢上，兒童教育愈來愈受重視。另一方面，Disney、Cartoon Network已進入臺灣，鑑於有一群在家幼兒，家長往往打開卡通頻道，任由小孩長時間看電視，而美式卡通有過多暴力動作、聲光變化太快、內容又對兒童無益，顯露出國內對兒童教育頻道的需求。

東森幼幼臺於87年1月1日開播，與國外卡通頻道的市場區隔方式為：第一，年齡層降低至零到十歲；第二，以幼教臺為定位，安排有教育內涵的節目；第三，開發自製的幼兒產品。

㈡經費由東森集團獨資

幼幼臺由東森華榮傳播事業獨資經營，主要收入是廣告、販賣相關商品、向系統收費。初創時，即預估三年虧損期。第一年，片源全部自日本、歐洲引進，節目風格有別臺灣兒童一向僅能接觸的美式卡通。當時歐洲教育類型

卡通或幼兒影片，臺灣少有引進，因此，由東森首次洽談節目時，投資成本較低。開播三年，幼幼臺已經達到收支平衡。

㈢提昇自製節目比例

　　幼幼臺一天播送二十二小時，2000年節目自製比例定在20%，次年目標為40%，未來希望達到外片和自製節目各50%的比例。該臺節目以幼兒為主又含教育意義，同時也擁有許多陪孩子一起看節目的成人觀眾，如自製的「親子call call樂」節目就在嘗試親子共視，家長協助小孩打電話。2001年起，幼幼臺將從幼教頻道轉型至親子頻道。新轉型規畫中，白天屬於兒童區段，晚上適合親子共視，更晚則安排幼兒家長區段。

㈣市場和觀念是經營難題

　　臺灣經營幼兒頻道的困境在於市場不夠大，廣告回收少。幼幼臺轉型為親子頻道的目的之一，也是希望幼兒產品、成人產品都能搭廣告，增加財源。此外，觀念的突破，是推動兒童頻道時另一困難。重視教育的家長，因為長期以來看到電視播的卡通影片都是互相砍殺，認為小孩看電視不好。幼幼臺生存的努力之一，必須讓家長認同該臺播出的節目有益於兒童。

㈤產業經營潛力愈來愈好

　　幼幼臺以商品化的策略擴展財源，希望針對國內市場，創造代表性的卡通人物，然後商品化。該臺放眼全球華人市場，東森集團在東南亞、北美有國際頻道，自製節目可以播送至華僑地區，並有預售到大陸、東南亞、北美的潛在市場。幼幼臺認為，只要產品好，就會有市場，因此，兒童相關產業發展會愈來愈好。

高品質低預算的聯合製作

　　無論公營或私營，龐大製作經費是兒童教育頻道面臨的最大問題。聯合製作成為問題解套的新趨勢，由參與國各出部份經費，集資製作高品質節目（參考節目篇「兒童節目經費來源」）。法國Canal J於1991年推出第一齣聯合製作節目，為法國電視生態投下變數，Canal J成為各兒童頻道爭取合作的重

要頻道，十年來累積了一千小時合製節目。

除了聯合製作和交換節目外，各國也重視地方性節目，如英國規定BBC新的兒童頻道播出節目，至少90%為英國自製或參與製作。因此，合製潮流下，兒童教育頻道的菜單，不至於「世界大同」。

國內方面，幼幼臺也開始進行跨國性合作，已和日本三立歐合作Hello Kitty塊狀節目，並與NHK、富士電視臺洽談中，美國方面也在開闢接觸管道，希望透過跨國合作，吸收更多經驗和技術。

適者生存，不適者淘汰，兒童教育頻道能通過電視競爭生態的考驗，當然愈來愈有活力。

兒童節目經費來源

　　有充足的預算製作節目，是全球兒童節目製作者共同的希望，然而，這也是兒童節目製作人，致力於提供高品質兒童節目時，面臨的最大難題。和其他類型節目比起來，兒童節目的預算普遍低落，因此必須多方尋求財源挹注經費，這些方法包括政府津貼、聯合製作、商品販賣、廠商贊助、自行出資等。

政府津貼

　　自有電視以來，全世界的公共廣播是兒童和教育節目的最大支柱，尤其是以公共廣播體制為傳統的西歐國家，更是立法保障兒童節目製播權利。以英國為例，因為有大量社會公共資源支持，得以長期製播高品質兒童節目。英國廣播公司(BBC)一年有大約八千萬美元的兒童節目預算，1997年投入了九千三百萬美元製作兒童節目，2001年起，更提高為一億四千萬美元。而美國的公共電視網(PBS)，每年大約投資一千八百萬美元於兒童節目。

　　在國外，政府是藉由電視基金體系，支持兒童電視製作，基金的主要來源，一是電視臺的執照費，二是對觀眾徵收收視費，或者隨著電視機徵收電視機稅。如加拿大的有線電視製作基金，以及澳洲財團法人影片基金會(FCC)。1997年，加拿大有線電視製作基金提撥了二千一百萬美元，加上公共廣播公司提撥八百萬美元，製作了七百小時的兒童節目。澳洲影片基金會從1988年起，將年度預算中的25%投資於兒童電視戲劇節目，和一些私人贊助

者，共同贊助三十六齣兒童戲劇節目，共製作三一二小時節目。

國內方面，自1984年，也設立財團法人廣播電視事業發展基金會，基金來源除政府與社會捐助外，主要為廣播電視事業提撥一定比例的經營盈餘。

㈠全額津貼

在衛星時代的節目激烈競爭生態中，這種政府透過基金體系挹注的方式，對生產高品質、富文化性的兒童節目愈來愈重要。大多數國家，對公共廣播網自製的兒童節目，幾乎是全額津貼，不足部分由私人基金會贊助。九〇年代末以來，即使是公共廣播網的製作人，也和獨立製作人一樣，必須具備販賣節目版權和募款的能力，才能獲得製作經費。如澳洲影片基金會即要求製作人，先達到50%預算經費的預賣或其他募款，且每集節目預賣價不得低於五萬五澳幣（約臺幣一一五萬元），基金會才介入提供投資，並取得主要版權。

國內情形，公共電視臺未開播前，廣電基金是國內兒童節目最大的支持者，其製作經費半小時節目大多數為二十萬至三十萬之間，獨立製作單位大多依賴此經費為全部製作預算，而節目所有版權亦歸屬於廣電基金。公共電視臺開播後，廣電基金製作之兒童節目大幅減少，而且由公開徵案，改為主動委製已有合作默契的優良製作單位。

至於公視目前由政府於開播第一年(1998)編列十二億預算，自籌款三億，其節目無論自製或委製，政府暫時處於主要支援地位。然而，政府補助逐年遞減10%，第六年後公視須自行籌募編列預算的50%。影響所及，兒童節目獨立製作人已難獲得公視的經費補助，而公視內部兒童節目製作人，將面臨籌款能力的考驗。

除公視之外，公家機構視需求，也會提供全額經費製作兒童節目，如僑委會徵選兒童節目於宏觀衛星電視頻道播出，教育海外華人子弟。文建會徵選文化性兒童節目，由委製單位提出播出頻道、時段，或由文建會與公共電視協商播出。這些節目每集的製作經費，約在十五萬元左右，鮮少有超過二十萬元的案例。

㇑部分津貼

對於有優秀製作企畫案的獨立製作人（公司），政府機構或基金會，則以協助角色提供部分津貼。國外方面，即使是聞名於世的芝麻街節目，第一年在研究、發展、製作、播放的投資為七百萬美元，其財源來自聯邦政府教育部、公共廣播公司，以及卡內基、福特等私人基金會，節目推出初期佳評如潮，但仍在長期艱困撐持下，獲得教育部、公共廣播公司部分經費贊助，才得以續製節目。

國內情形，如前省政府教育廳編列有兒童節目錄影帶製作補助預算，獲補助節目須將播出之節目拷貝一定份數，寄送全省國小當作視聽補充教材。其他如環保局、農林廳等政府單位，亦能就職掌業務範圍，以購買錄影帶方式，補助相關議題的兒童節目。許多商業電視臺委製的兒童節目，多採此爭取部分補助方式，節目播出後，即製成教學影帶，透過旗下文化公司行銷販售。

聯合製作

跨國合作是兒童節目籌措經費的新興方式，如此，製作取向必須以能夠互相交換使用的廣泛內容為主。如前蘇聯、美國、日本、英國攜手合作動畫莎士比亞故事，與各國單獨製作節目成本比較下，節省下龐大製作經費。澳洲與中國大陸亦合作五十二集，每集十五分鐘的童話卡通，片中角色有外國人，也有代表中國特色的龍和熊貓，中澳兩國共有版權，未正式播出前已賣出六十餘國播出版權。

一項世界性的合作是英國威爾斯S4C電視臺，於1998年舉行的第二屆世界兒童電視高峰會中，所提出針對七至十一歲兒童，聯合製作「世界動畫童話故事」計畫。此計畫共有二十六國參與，製作了二十六支動畫片，包括英國的「哈姆雷特」、中國的「神筆馬良」、美國的「約翰亨利」、布吉納法索（西非）的「暴君與小孩」、拉丁美洲的「老人與木匠」，臺灣公共電視亦以「虎姑婆」故事參與，翻譯成二十七國語言，提供八十個以上國家播出。

　　這項合作計畫的總經費共五百二十萬英鎊，英國出資八十萬英鎊，其餘多數資金由西班牙、德國、義大利、斯堪地那維亞、日本等工業大國捐助。二十六支影片的權利金總收入，由世界兒童電視高峰會成立基金會來分配使用，並支援下一系列合作計畫。

　　基於財源需要、取得高額預算將有利開展商機、廣納創意和文化等理由，聯合製作模式在歐洲尤其熱中。歐洲兒童電視基金會旗下三十五個會員國，於1998年首次完成一個三十分鐘的雜誌型合製節目「橋」(Bridges)，緊接著又展開 "A Day In My Life"、"Tell Me What's New"、"Peace of Mind" 三項合作案，將打擊美國兒童節目市場的領導地位。澳洲、加拿大亦積極尋覓合作國家，製作兒童節目，反撲一向過於依賴輸入美國影片的尷尬地位。自1991年起，加拿大的兒童節目製作人，不再僅尋求國家公共基金(Telefilm Canadian)，而是自覓國際財源，尤其是與法國合作。至於亞洲國家，目前多參與歐洲、澳洲的合製計畫，尚未有亞洲國家間的合製計畫成熟進行。

商品販賣

　　在競爭激烈的新媒體時代，兒童節目的生存之道必須依賴將之視為「一項事業」來經營。近年的國際兒童節目研討會中，與會國一致有此共識。據美國出版的《兒童消費報告統計》，兒童是美國最大的消費群，六至十三歲兒童每年消費近九十億商品，而其他消費群是一百四十億。無怪乎商業操作者以節目接近兒童，並非把他們當作有特殊需求的觀眾，而是一個市場，而且這市場逐漸增加其全球比例。

　　無庸置疑地，商品販賣的收入提供製作人持續的財源，支撐下一系列節目，迪士尼就是一例，「芝麻街」亦是如此。國際趨勢上，電視兒童節目的播出往往同步發展出行銷策略，節目錄影帶、童書、童謠CD、多媒體光碟和相關周邊產品，幾乎同步推出。許多長期經營的製作人就是靠相關產品生存，並提高了兒童對節目的興趣。

　　因此，一向不發售兒童節目錄影帶的BBC，也允許1997年推出的「天線

寶寶」，進行商品開發。NHK的「與媽媽同樂」，因為1999年一首「丸子三兄弟」主題曲深受歡迎，在觀眾熱烈要求下，也從善如流，出版節目歌曲錄音帶及影帶。

此外，節目賣到國外的版權費收入，也是國際知名兒童節目重要財源之一。今日兒童節目的市場是國際性的，這個認知，反而是兒童節目能爭取到更多投資，最強力的力量。

廠商贊助

自1980年代以來，如何將兒童節目所有資源做最大利用，已經超過思索節目本身如何服務兒童觀眾的渴望。許多贊助兒童節目的廠商，中心考量點是如何開發全系列商品，當研發一個新節目時，即已設定好商品目標對象。不過，以公益形式贊助教育性兒童節目，也是重視品牌形象的廠商樂於選擇的廣告手法。

㈠廣告贊助

節目承攬有所謂委製和外包，委製節目由委託單位提供經費，受託單位純粹負責製作節目。國內方面，一般由商業臺委製的兒童節目，半小時製作經費大約在五萬元至十五萬元之間，電視臺則謀取廣告時段的收益。

外包節目即「零製作費」節目，由製作單位向電視臺或頻道業者，購買含廣告的時段，對外自行承攬廣告，以廣告收入來製作節目。外包製作情形在兒童節目較為少見，但偶有案例。

㈡直接贊助

廠商直接贊助的節目，多為消費導向，這類節目大多利用動畫角色，如此就有潛在商機，如將預設為電腦遊戲中的角色，做為節目主角，節目推出後，再依廠商計畫，發行電腦遊戲。此外，動畫比真人演出更容易配上外國語言，做全球性販售，這也是為什麼愈來愈多兒童節目以動畫為表現形式的原因之一。也因為如此，玩具商、電腦商贊助的兒童節目，經常引起廣告消費、暴力遊戲等爭議。

國內案例如美語補習班贊助兒童英語教學節目、跨國幼兒雜誌贊助幼兒節目，從節目內容設計到主持人、參與演出兒童都由贊助者提供。換言之，節目製作經費是直接由贊助者提供，其後續往往是將節目當作教學影帶販售。

㈢公益贊助

贊助廠商在節目中並不播出商業廣告影片，此情形常見於非商業取向的公共頻道。國內案例如花旗銀行贊助公共電視「水果冰淇淋」節目，節目於片尾打上「本節目由花旗銀行贊助」字幕，隨著該節目在國內外播出，贊助者亦達到形象廣告的效益。

民間基金會也是尋求公益贊助的管道之一，不過就國內而言，兒童節目甚少有成功獲得民間基金會贊助的例子。

自行出資

自行出資常見於資金雄厚的商業臺和製片公司，如國外的迪士尼頻道，獨立製作節目後，再由商品販賣創造利基。又如卡通網(Cartoon Network) 1996年至2000年，五年內投資了四億美元製作節目，未來投資金額有增無減，可見其對自行出資後資金回收的信心。

國內自行出資製作兒童節目者，有慈濟大愛臺、佛光衛視等宗教性電視臺，完全由所屬宗教團體資助製作經費，節目內容以符合電視臺屬性，教育佛理為原則，是特殊的例子。

贏在起跑點上

再好的兒童節目，都會因為經費不足而終止。在一些貧窮國家，缺乏政府財政支持製作兒童節目，販賣商品的重要性相對增加，即使自製影片的花費可以比輸入影片便宜，他們也無資金製作和美國輸入影片相抗衡的節目，帶來文化影響。而已開發國家，如果製作人必須純粹面對市場壓力，一般咸信，商業化導向的節目會一再增加，能吸引兒童消費相關產品為首要考量，至於節目對兒童的影響好壞並不在評估之列。

　　然而，影響高品質兒童節目發展最為不利的因素，是其主要的贊助者——公共電視的經費編列，往往演變成政治性議題。在政客們感嘆地陳述兒童電視太商業化、暴力或缺乏文化呈現時，最有力的建設性改變，就是由政府負起推動責任，投資製作經費。如此，國內兒童節目才能贏在起跑點上，為教育下一代努力向前躍升品質。

研究篇

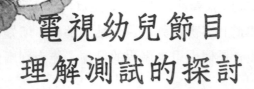

電視幼兒節目
理解測試的探討

壹、理解與理解測試

　　學齡前（六歲前）兒童因為生理、心理日趨發展，尤其是語言能力快速成長，加上時間的許可，電視觀看時間可達人生中的第一個高峰。另一方面，電視呈現內容的形式具備視覺動作的特色，正適合肖像式(iconic)心智處理階段的幼兒收看，因此電視被視為學齡前兒童極佳的學習工具，針對幼兒所製作的節目也多賦予教育或教學目標在內。學習需經過有效的訊息處理過程，依學習理論而言，注意力的啟動是訊息處理的第一步驟，接續而來的議題即是探討其對電視文本的理解程度，以做為判定兒童是否產生學習的依據。

一、什麼是理解

　　怎樣的學習才能稱為「理解」呢？理解(comprehension)一詞在訊息處理模式中，是存在於注意與記憶間的超越生理痕跡的運作，當外來的感覺訊息經過選擇性注意，被經驗和知識詮釋之後，達到辨識(recognition)的目的，辨識之後的訊息才具有意義，才能進而轉化成另一種訊息的形式，為記憶系統所儲存與使用（鄭昭明，民82）。這過程中的詮釋、辨識和意義轉化都是理解的現象，而且此理解現象在認知層面上是植基於有助於記憶的假設，亦即人

如果理解愈多就會記得愈多。

美國教育心理學家柏隆姆(Bloom, B. S.)提出教學目標上的理解定義，是指「能用自己的口語、文字或其他符號等，把已知的事實與原理、原則等，做成自圓其說的解釋。」(張春興、林清江，民71，p. 7) 所以就教育層面而言，理解的意涵除了「知道」事實以外，還包括「解釋」所知；前者有一致的事實正確性相對照，後者是個人思考歷程的發揮，能力判斷的標準在於是否能「自圓其說」。

理想上，一個教育性節目的推出，在節目正式播出前需進行形成性研究，包括蒐集觀眾收視習慣與人口變項等資料，並評估同類型的競爭性節目，測試不同的形式概念，詢問相關專家的意見，及發展出暫時性的節目目標。並在節目已完成某一階段時再進行總結性研究，對收視群做測試，藉以瞭解節目是否達到預期的教育目標， 以便做為下一步修正內容或形式的參考(Scriven, 1967; Mielke, 1990)。依此而言，教育性節目所謂理解就是指製作者所預設之學習目標為兒童所達成，理解與否端視學習目標如何設定。

歸納幼兒節目評鑑的文獻中，理解的項目有下列六項：

1. 認識角色。
2. 辨識角色的行為。
3. 瞭解發生的事件。
4. 瞭解事件的順序。
5. 瞭解角色的想法（感受）。
6. 瞭解角色的動機。

透過這些理解項目，兒童最終得以產生認知、動作技能和情意等內容的學習。不過電視的聽覺和視覺雙重訊息特性，使得理解的項目不一定能從單一通道獲得，理解的通道往往也影響理解結果。Rolandelli (1988)把兒童對電視節目的理解區分為具象理解(concrete comprehension)和推論理解(inferential comprehension)，前者是指對節目以視覺影像具體呈現之內容的理解，後者是指視覺影像沒有明顯顯示，而是推論而得之內容的理解，說明了電視節目的

理解不侷限於可見（或可聽）的正確訊息記憶而已，更要具有推論訊息的能力。

　　將理解定義為產生意義、解釋和推論的說法，和傳播領域內自1980年代興起的接收分析研究，所強調閱聽人主動解讀的重要性相符合。此時，學習與否是存在於傳播者的和受播者的理解所互動產生的意義中。實際研究上，也漸漸有學者以文學中的讀者理論和傳播研究中的接收理論等意義建構角度，探討幼兒如何從「芝麻街」中達成學習（如Becker, 1987）。

二、理解測試的方法

　　理解測試是評量受眾對某一學習內容能理解到何種程度的偵測，電視節目的理解意涵既然複雜多面，用以顯現其理解的測試工具也必須視目的而慎用。因為理解和記憶密不可分的關係，所以一般皆是藉用再認、自由回憶、序列回憶和線索回憶等記憶研究方式，做為推測理解情形的依據。目前電視幼兒節目的理解測試，主要有測驗法(questionaire)和訪談法(interview)兩種方法。

　　測驗法是施測者須以相同方式對兒童發問，並將兒童的回答依既定標準評量，目前無論是美國兒童電視工作坊(CTW)或日本廣播公司(NHK)的幼兒節目研究都偏重測驗法。標準化的測驗法有下列缺點：

　　1.無法檢視兒童是否猜測答案。

　　2.無法獲知兒童產生理解的原因，如經驗連結或特殊興趣等。

　　3.無法獲知兒童理解失敗的原因。

　　因此，CTW和NHK不斷在嘗試如何讓兒童「說更多話」，尤其一旦理解涉及意義解釋，理解測試將更依賴訪談法。

　　訪談法是指在訪問時不用印製好的統一調查表，訪員就和研究題目有關的關鍵要點形成問題，在訪問時向受訪者發問。訪談的問題空間(problem space)，包括了對已知條件的瞭解、對目的的瞭解及瞭解可能解決的途徑與任何有用的解決策略（鄭昭明，民82，p. 390）。訪談法可以深入理解面向，具

有下列優點：

    1. 顯示兒童理解的原因。

    2. 瞭解兒童為什麼不能理解，是比證明兒童能理解更珍貴的資料。

    3. 瞭解兒童在學習目標外的偶發學習。

    訪談法特別適合為一新領域或新問題建立資料，做為後續研究的分析脈絡參考，為質化研究者所樂於採用。國外幼兒節目理解研究的訪談多半摻雜於測驗法中，而以呈現測驗之量化結果為主，幾乎未留下訪談紀錄，難以得知其訪談如何進行。

    至於國內幼兒節目情形，依據張杏如和吳翠珍分別於民國76年和84年進行的調查，國內自製兒童節目以學齡前為目標對象者僅佔四分之一（張杏如，民76；吳翠珍，民84），突顯多年來國內學齡前兒童節目被漠視的現象，相對的，相關研究亦極為貧乏。國內唯一的自製幼兒節目理解研究，為吳翠珍進行的「爆米花」呈現方式學習效果研究，採口語的一對一訪談法。然而因為學齡前兒童的語言表達能力較弱，產生受訪者「有口難言」的困境，進而影響質化資料的可解釋程度。此外，訪員追問技巧能力不一，也影響資料的完整性。

    國內的經驗顯示，由於幼兒的讀寫能力尚未成熟，因此如果研究中需要以訪談方式獲得更深入的理解資料，則訪員的談話引導在幼兒節目的理解測試過程中佔有重要地位，甚至成為電視文法(TV syntax)、觀看環境、兒童心智發展等影響幼兒對電視節目理解的變數外，一項源自研究方法的操作具有影響力的變數。

    鑑於國內幼兒節目研究的經驗缺乏，本文的目的之一是引介CTW和NHK幼兒節目的理解研究方式，目的之二是對如何進行幼兒訪談進行討論，期望能帶動國內更多的研究成果。

貳、理解測驗法介紹

一、美國幼兒教育節目理解測驗

CTW知名的幼兒節目「芝麻街」一向以其豐富的形成性研究和總結性研究著稱於世。從第一季（1969年）開始，「芝麻街」研究小組即以與學齡前兒童進行訪談來蒐集理解資訊。典型的「芝麻街」理解訪談是進行問卷測試，採口語回憶和再認二種方式，依點數計分（如Flores, 1974; Shapiro, 1975），測試目標很單純，操作方法簡易，所謂的理解皆以明確的對錯為衡量標準，事先清楚訂定給分判準。

口語回憶的研究過程是先進行開放回憶，例如：「大鳥在做什麼東西？」如果兒童一開始回答正確則每題得二分，不正確的話即提供相關的口語線索，例如：「大鳥拿著一個盒子在做什麼東西？」此時答對則每題得一分，再答錯得零分。再認測試則是在開放回憶後，以三選一的複選題供兒童作答，大多會配合圖示，評分方式同口語回憶。然而，進行圖形再認時，如果兒童仍無法自行選出正確答案（得零分），研究人員的底線會降低至表明答案後，要求兒童選出正確圖片，雖然此非研究人員想獲得的學習成果，但是可做為理解程度的最悲觀參考(Shapiro, 1975)。

CTW的研究人員發現，幼兒容易傾向以「不知道」或不相關的反應來回答開放問題（吳翠珍在國內的研究亦有同樣發現），因此，1983年起發展出新的理解測試法，能夠協助研究者與每位受訪兒童間建立較佳的親密感，以鼓勵兒童更自由地暢談。新的理解測試增加了遊戲性的暖身活動，同時採行趣味化的測試方式。研究開始，先將兒童以四至五人為一小組觀看節目，進入測試房間後，將兒童介紹給研究群，並為每位兒童指派一名研究者為他的「伙伴」，兩人先一起玩遊戲（如下棋）進行暖身活動。暖身活動讓兒童有足夠的時間鬆懈情緒，並熟悉他的「伙伴」。之後，將兒童聚集一起，以事先擬定的

說詞進行研究說明，強調這是一項好玩的遊戲，例如以下的開場白
(Lovelace, 1990, pp. 20–21)：

> 今天我們要玩一種叫「報告者」的遊戲，你知道什麼叫報告者嗎？報
> 告者就是無論你看到什麼東西，都盡量把它們記下來，記得愈多愈好，
> 然後把你記得的都告訴你的伙伴。為了幫助你成為一位很棒的報告者，
> 我要送給你一項報告者小帽（發給每人一頂帽子）。好了，把帽子戴上、
> 帽帶綁好，免得你在成為報告者的時候帽子掉下來了。當你在看節目
> 的時候，你的伙伴要做其他的事，所以等你看完節目以後，你要告訴
> 他你看到了什麼、聽到了什麼，讓他知道。準備好了嗎？好，遊戲開
> 始。

　　於是，在兒童看完一個或數個片段後，即由他的「伙伴」進行個別訪談，
用下述方式測試理解：

　　描述──請報告者描述從電視上看到的事情，或出示圖片要求他描述有
沒有看到、看到什麼。

　　指認──請兒童擔任偵探，從圖片中選出答案。

　　角色扮演──給兒童一套木偶，要求依劇情（或問題）操作演出。

　　模仿──要求兒童做出某一角色的動作、反應、表情等或模仿角色說話。

　　有趣的測驗方式加上過程中不斷的鼓勵和讚美，幼兒的確能增加表達能
力，並有較長的耐力接受訪問。

二、日本幼兒教育節目理解測驗

　　日本NHK從1959年起播出針對四至五歲幼兒設計的教育節目「與媽媽同
樂」(Okaasan do Issho)，但是隨著幼兒入幼稚園的比例增加，在家觀看電視的
幼兒年齡層降低，因此「與媽媽同樂」的製作群，企畫推出一個適合二至三
歲幼兒觀看的節目。1984年NHK決定研發新動畫型態的「與媽媽同樂」，並且

進行為時半年的測試。他們選擇節目中的"Yadamon"（難以取悅的小孩）和"Tazura"（調皮搗蛋的小孩）兩位動畫角色為測試目標，透過訪談，瞭解兒童對角色和內容再認理解與回憶的程度。

研究的進行是讓母親陪伴幼兒（二歲和四歲）一起看電視，看完後研究者在將兒童帶至等候室途中，先詢問兒童：「你喜歡這節目嗎？你看得高不高興？我們可以來講講你剛才看到的嗎？」然後問他關於Yadamon或Tazura（視他看了那一個角色的節目而定），如果兒童要求，母親可留在他身邊，但不做任何互動或干擾。

NHK研究人員並用多重方法，來測知兒童理解故事的程度。主要有四項測試步驟：

㈠主要角色再認

首先，逐一展示彩色照片，問幼兒：「你有在故事裡看到他嗎？」

㈡任意回憶節目內容

接著，問幼兒：「剛才你看到的故事在講什麼？」「你能告訴我你記得什麼嗎？」幼兒得以有任意發言的機會。然後，找出故事中的點問他，如：「當朋友邀請Tazura一起玩時，他做了什麼？」

㈢以圖片回憶序列

以問答方式複習節目內容後，隨即測試兒童是否能以正確次序回憶故事。安排給四歲幼兒的圖片數是六張，二歲幼兒是四張，訪員詢問：「告訴我，哪一張（畫面）是你剛才最先看到的？」「下一張呢？」要求幼兒挑出正確的圖片。如果四歲幼兒無法排列六張圖片，可以減少至四張，二歲幼兒操作數目可以減少至三張，然後重複問題。

㈣按序列回憶內容

幼兒正確排出故事順序後，可讓他看圖說故事，如：「這小孩發生什麼事啦？」「這隻狗變成什麼了？」幼兒再次有任意談話的機會。

這次研究發現，幼兒最難的是排列故事的順序，正確率極低，且分析亦顯示，二歲兒童難以自行回憶整個故事，但是20%能夠回答和故事相關的問

題，然而他們對節目的瞭解是十分片段式的，僅記得最有印象的情節。四歲幼兒則達半數能夠在自由回憶階段描述故事，卻無法將故事重組後重點式說出。

然而，像「Yadamon自己玩的時候發生什麼事?」這樣的問題，四歲幼兒會具體回答：「沙堡垮掉了。」「他全身都是黑的沙。」有35%會在這階段答出「他討厭自己」，但是當他們看圖說故事時，半數會回答：「他討厭自己。」顯示他們能瞭解角色的想法。

NHK的研究顯示，複合形式的理解測試如果同時有口語測量、圖片排列或重組技巧等，能擴大兒童表達對節目內容理解的機會，反之若只依賴口語的結果，會低估他們的理解程度。

參、訪談法的實施

幼兒節目理解研究中，有一項訊息呈現方式與測試工具效果的爭議，研究發現，幼兒對視覺呈現的資訊透過圖片再認學習效果佳，而難以透過語言回憶視覺畫面；聽覺呈現的訊息則適合以口語回憶表達，透過圖片再認測出的理解程度反而較差(Welch & Watt, 1980; Welch, 1982)。不過比較之下，無論是用回憶或再認方法，都顯示幼兒對視覺訊息的理解總是優於聽覺訊息。

這項爭議的形成，不能忽略研究方法上對視覺訊息與聽覺訊息都採用標準化測驗的限制。視覺畫面蘊涵多重平行資訊，因此不同幼兒可能有不同的視點，一旦幼兒的選擇性注意點和研究關注的問題不同時，即容易被視為是理解失敗。因此，對於視覺訊息更適合採用開放性的訪談，瞭解幼兒對同一畫面可能的不同理解。CTW與NHK所進行的節目理解測驗中，雖然多數提到訪談(interview)的進行，但是並未發揮訪談深入並延伸問題的功能。

其實訪談法是著名兒童心理學家皮亞傑(Jean Piaget, 1896–1980)所主要採行的研究方法，理解皮亞傑對訪談的操作，能夠提供幼兒節目理解研究一把利器。

一、皮亞傑臨床診斷法

於人類認識論起源有濃厚興趣的皮亞傑，一向致力於探索兒童的認知發展歷程。進行研究時，他發現一些用來測試兒童推理的測驗法（如比奈測驗）是建立在成功與失敗的數量之上，但是他覺得更有意思的是發現失敗過程中的推理，於是他自創臨床(clinique)的詢問方式，同受試對象進行談話，「以發現正確回答背後的推理過程中某些有趣的東西」（杜聲鋒，民78，p. 5）。皮亞傑的臨床診斷法(clinical method)是透過發問的技巧，盡量使用兒童明白的語言，適時提出問題，使兒童自然表露意見。進行問答時，訪員必須注意觀察並聽取兒童的一切反應，登錄所有問答資料，供研究者進行事後的分析詮釋。

訪員在臨床診斷法中的主要角色是在建立兒童有關某種信念的假設，其發問是為不斷地驗證新假設。以皮亞傑研究兒童對自然現象的解釋為例，問：「太陽是怎麼產生的?」如兒童回答：「太陽是被放在那兒的。」訪員可假設兒童相信人製造太陽的觀點，接著發問的內容便以考驗此項假設為主，如續問：「太陽怎麼被放在那兒?」若兒童說：「上帝把它擺在那兒。」訪員進一步想確認兒童是確信神的干預或是在校上課時老師告訴他的? 因此可以再追問，藉以瞭解兒童是否肯定其主張，稱太陽是「在上帝將它安置在那兒以前即已存在」（自然現象超越神的力量）或「上帝創造了太陽」。（證明其相信神創萬物）（王文科，民72，p. 60）

皮亞傑建立了兒童認知發展階段後，體認到過去實施訪談過程中，過分依賴口語發問的研究方法並不妥當，兒童可能不瞭解被問到的每件事情，尤其當使用的語言與具體事物無關時，更是如此。此外，兒童即使瞭解問題，也可能無法使用適當的語言來表達他的全部知識。因此，皮亞傑修正了原有的研究程序。修正的臨床診斷法(the revised clinical method)具有下列特色（王文科，民72）：

1. 在研究者發問的問題中，被提到的具體物件或事件，均一一呈現在兒童面前，不像過去僅憑語言描述。

2. 要求兒童提出的答案，是藉操作物體後獲得的，不能單靠口頭表示。

3. 在問答過程導入「對抗論證」(counter-arguments)或對抗暗示(counter-suggestion)。這種作法是要提供兒童一種與其觀點矛盾的見解，或問他想到的相對觀點是什麼？以便確定兒童思考的穩定性和真實性。若兒童已掌握某概念，將拒絕對抗暗示，或拒受對抗論證影響。

　　修正的臨床診斷法增加所需之實作情境和前述CTW和NHK的操作式理解測驗發展相呼應，而其依然本著過去問話那種具有彈性、不使用標準化問題的特點，可以提供幼兒教育性節目訪談法的進行參考。

二、幼兒訪談的原則

　　進行訪談資料蒐集的主要限制，一方面來自幼兒語言發展能力，二方面來自訪員的引導。一般而言，幼兒大概兩歲左右，就能夠表達不在身邊的事物，及以前或以後會發生的事件，而且會主動與人做有來有往的對話。三歲的幼兒，大致上能依照對方的話題提供訊息，可是他們往往不重視對方是否聽得懂，而慣用自我中心的語言來描述，缺乏溝通上的社會技能。而對於訪談中疑問句的理解方面，幼兒在兩歲左右已習得「什麼」、「哪裡」和「誰」的意義和應用，稍後學會「怎麼」和「為什麼」（吳敏而，民80），因此具有應對的能力，只不過幼兒的語言無法有長而複雜的複句及連貫的句型，加上詞彙不足，因此一位瞭解幼兒認知發展能力，善與其溝通的訪員非常重要。

　　訪談最容易發生結果解釋上的偏差，主要來自兒童「不瞭解訪員的問題」，而非不瞭解節目內容，或受訪員暗示回答出正確答案，但實際上並不真正瞭解節目內容。雖然訪談資料的取得與判斷是主觀行動而無客觀量化數據，但是正確使用訪談技巧可避免「誤判」（統計上第一類型錯誤）與「漏判」（統計上第二類型錯誤）的情形，提高測試的可信度。

　　以下是作者根據親身參與國內幼兒節目「爆米花」之訪談經驗，應用皮亞傑的訪談方法，整理出幼兒訪談的原則。

㈠問題應以測試素材為範圍

幼兒無法可靠回溯以前的收視經驗，如問：「你有沒有在電視上看過『爆米花』？這一集有沒有看過？」幼兒可能看過這個節目，但不知道「爆米花」這個節目名稱，而回答「沒有」，或誤解測試時的素材也算，而回答「有」。至於有沒有看過測試的素材內容，只要是同角色的節目，幼兒分辨不出每集的差異，因此之前回答有看過這個節目者也會傾向回答看過測試素材。因為訪談資料難以判斷真偽，所以超出測試素材以外的問題應避免。

㈡提供回憶線索後應開放問題

幼兒訪談不能一味以「是」或「不是」為問答的模式。如問幼稚園生：「你是不是讀大班？」他回答：「不是」，此時接續的問題是「那你是不是讀中班？」和「那你讀什麼班？」可能會有不同的答案。前者他可能又回答：「不是」，使得問題陷於無解，後者他會說：「大藍班」，於是我們知道他是大班生，只是不知道「大藍班」屬於「大班」。同樣的當節目中出現一隻名叫「咕咕咕」的雞時，幼兒可能對「你有沒有看到雞？」的問題回答：「沒有」，卻對「那你看到什麼動物？」回答：「咕咕咕」。因此，開放問題後的回答往往才是幼兒真實的理解。

㈢問題不過度開放，一次設定一件事（人或物）發問

如問：「你剛剛在電視上看到什麼？」問題範圍涵蓋測試素材的角色造型、動作、道具、場景等所有屬於視覺的元素，幼兒無法連續長時間作答，因此會自動選擇其一回答。請記得幼兒性喜回答他熟悉的問題，如「你叫什麼名字？」「你幾歲？」等，所以即使訪員不斷以「你還看到什麼？」來繼續引導訪談的進行，幼兒仍容易因目標不明確而放棄記憶搜索，導致得到的資料貧乏。

㈣問題必須包含傳達概念的情境，不要只問概念

學習通常是指概念的獲得，如瞭解什麼是「好朋友」，因此學習目標的建構也往往成為一張概念清單。但是幼兒無法抽離心像進行純符號化的邏輯思考，所以問題必須包含傳達概念的人和場景，如：「花仙子在井邊說了一些話對不對？你記不記得她說了什麼？」甚至可進一步在問題中明白顯示測試的概

念：「花仙子在井邊說了一些話告訴我們什麼是好朋友，你記不記得她說了什麼？」

(五)幼兒回答後立即接問，接問之問題須與他前句回答的內容相關

　　皮亞傑即已發現幼兒的思考特質是一次只觀察一個面向，因此須立即回應，以鼓勵他繼續進行認知活動。為避免引導偏差，必須依據前述回答來接問，如幼兒說他看到：「一隻青蛙在下面」，下面是指井，訪員不必對井多做說明或糾正，直接接問：「哦！青蛙在下面，牠做了什麼事？」

(六)和視覺訊息無直接相關的推論（如動機），須再次提供線索

　　如問：「小豬在做什麼？」「給花澆水。」「牠為什麼給花澆水？」「花快死了。」此時「花快死了」是幼兒可以從角色的視覺動作中推論而得的直接動機，但是小豬更深一層的動機是「幫忙好朋友（花仙子）」，要測試幼兒是否明白，必須協助他在推論處轉彎：「這些花是誰的？」「花仙子的。」「花如果長得很好，是不是會有人很高興？」「會。」「誰會很高興？」「花仙子。」「小豬為什麼要給花澆水？」「幫花仙子的忙。」

(七)立即釐清幼兒回答的模糊性

　　幼兒時常會忘記應依據電視上的訊息回答，而和既有生活經驗混淆，訪員必須即刻確認他所指的狀態。如幼兒說：「我有看到蛇，我在家也有看到蛇。」問：「剛才電視上有沒有蛇？」如回答「有」，可確認他知道蛇的角色，接續的問題，應引導他回到電視上和蛇角色相關的理解。

(八)當幼兒的回答是重複問題或脫離現實時即更換問題方向

　　訪談失敗除了幼兒無法回答問題外，另一常見的現象是他將電視經驗和生活經驗混淆，或進入想像經驗而答非所問，常常會干擾研究人員判斷幼兒是否真的理解。如幼兒回答看到了公雞，當問他：「公雞在做什麼？」他回答：「魔鬼是紅色的。」此時因為紅色的公雞引起幼兒魔鬼的幻想，訪員應即時結束公雞的問題，改問其他角色（或事情）。

(九)問題的方向事先擬定，以利不同訪員間取得引導的一致性

　　訪談前要先設定目標，清楚知道希望幼兒能「記得」或「認得」什麼內

容，並進行預訪模擬可能情境，訂出可提供的回憶線索清單供訪員運用，避免訪員提示過多或過少而影響個別資料的多寡，同時控制問題的範圍，使在有限時間內所獲的回應都是有用的資料。

(十)不暗示自己希望得到什麼樣的答案

受訪兒童回答後，訪員要保持中立的態度。如果表示驚訝、露出好笑、懷疑的表情，都可能對受訪者構成影響，最中立的反應是重述他的回答，再接問相關性的問題。

肆、結　語

無論用什麼形式包裝，一個幼兒教育性節目的推出，最重要的是要達成學習目標，而非滿足製作者創作的欲望。所謂的專業製作態度，除了學習目標與學習內容的組織與選擇、提昇注意力的形式設計、精緻質優的拍攝技術外，更在於能掌握幼兒理解節目內容的能力，用以驗證節目目標的達成，回饋製作修正的重要參考。

綜合上述，一個好的幼兒節目理解研究，應是兼具CTW的遊戲式暖身活動，進而結合NHK的圖片多重操作，以及源自於皮亞傑的彈性訪談。如此，能提高幼兒參與研究的意願、增加表達的機會、確認理解層次和獲知其產生理解的相關經驗連結。

然而，訪談時使用的語言容易有熟悉度的問題，國內城市幼兒慣用國語，鄉鎮幼兒仍以閩南語為主，進行理解研究時，訪員和受訪者間的語言隔閡，是必須克服的障礙。

無論如何，惟有經過測試結果的檢驗，節目品質才能有可信和有效的保證，目標對象的收視權益真正受到保障，自然能成為叫座的節目。提昇國內幼兒教育性節目，最迫切的除了加強節目數量和訊息設計外，適當的節目理解研究也是不容忽視的契機。

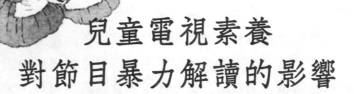

兒童電視素養
對節目暴力解讀的影響
——一個認知基模取向的研究

壹、研究動機與目的

　　1993年4月間，英國發生一起兩名十一歲男孩誘拐一個年僅兩歲的幼兒，最後把他打死，棄屍鐵道旁的慘案。這一件轟動世人的罪行，據調查與兩名行凶者常看的一齣卡通片的暴力情節有所關聯。更值得警惕的是，這並不是九〇年代孤立的兒童犯罪案，德國、美國、法國也傳出青少年因細故置人於死地的駭人聽聞，而他們做案的手法和過程均模仿自電視節目或錄影帶。

　　兒童模仿電視暴力行為是存在的，常人由個人經驗和媒體的顯著個案報導，即可對此現象建立表象的印證；而學者透過研究也支持這現象的存在。據Comstock和Paik (1994)採後設分析(meta-analysis)歸納1963至1993年間發表的217篇有關電視暴力對攻擊行為效果的研究報告結論，證實電視暴力具有不良示範作用，與閱聽人，尤其是兒童，日常生活的攻擊行為脫離不了關係。但學界卻忽視了兒童的認知節目能力與電視暴力訊息的互動關係。易言之，兒童看過有暴力訊息的節目後，究竟電視暴力訊息在他腦海裡會留下什麼印象？這印象也許是不自覺的，卻是行為主義學派中「可觀察」影響的潛因。

兒童看電視的能力，亦即對電視結構內容的形式符號的瞭解，會不會影響他腦海中對暴力訊息的印象？

電視暴力研究取向幾經更迭，從光碟資料庫檢索出的現有文獻可發現，1980至1985年間，認知心理學的基模取向電視研究曾受到重視，在1985年以後，則因文化取向研究議題成為顯學而暫時沉寂。在訊息處理和基模理論觀點的衝擊下，學者的論點轉而闡述兒童是主動解釋電視訊息的觀賞者，強調我們必須瞭解兒童與電視的互動，以及觀看的資訊處理過程，才能瞭解兒童觀看電視的本質。這個互動取向不依賴測量可觀察的行為來解釋電視效果，而主張認知過程、收看情境以及觀眾對電視符號形式的知識，與其生活經驗所形成的基模，是觀看電視的三大因素(Luke, 1985)，影響兒童理解及解釋由電視所獲致的新資訊。

基模理論是否有助於瞭解電視暴力對兒童影響的問題？這是本研究感興趣的問題，也是研究的動機。強調文本與閱聽人互動的解讀結果，是約在1980年中期才開始出現的「接收分析」閱聽人研究取向的特色(Jensen & Rosengren, 1990)，而基模的建立也是客體（可能是環境或文本等）和主體（人）不斷交流的過程。藉由應用基模理論的立場重新審視暴力電視的研究，我們可以思索，電視暴力要對兒童產生影響前，必定經過主動的認知過程，兒童對暴力訊息的解釋，是他運用腦海中已經具備的知識（基模）所發揮的作用。

環顧特地為兒童製作的兒童節目，多數以生活戲劇和卡通為主，大半含有故事情節。許多研究指出，兒童在看和聽故事時，最常被提取用來理解故事的是故事基模(story schema) (Buschke & Schaier, 1979; Nezworski, 1982; Ackerman & Jackson, 1991)。目前故事基模理論常應用於如何教導兒童（尤其是學習有困難的兒童）理解口語及印刷文本，於兒童要理解電視上的故事，又需要怎樣的故事基模？如果故事中出現暴力訊息，那麼兒童在故事基模的提取上會產生怎麼樣的變化？如果兒童賴以解讀故事訊息的基模（即知識結構）受暴力訊息干擾已然改變，可能循環性的成為他處理下一個故事的基礎(Pronger, 1985)，受基模運作的引導而不知不覺特別記得暴力訊息，並再度強

化已受改變的基模。電視上看到的暴力也許因此無形中建塑了兒童的價值取向，成為行為、態度及對真實世界覺知等各種可能影響的潛因。

　　國內雖然未發生如英國兒童無故行凶的悲劇，但兒童所處的社會環境充滿肢體衝突的暴力事件，更有黑幫勢力侵入校園吸收黨羽的隱憂，尤其電視節目在現代科技的推波助瀾下，更大量營造各式槍林彈雨、拳打腳踢及燒殺擄掠的畫面吸引閱聽人注意，刺激收視率。兒童看到的電視暴力不僅「量」高升甚且「質」已改變，電視暴力是新世紀中不容我們忽視的問題。

　　國外電視暴力內容分析統計數字中，電視卡通節目的暴力內容是所有節目之冠，幾乎無一淨土(Gerbner, 1969; Eaton & Dominick, 1991)。Bandura的實驗發現，卡通人物更容易引起兒童模仿行為，屢次推翻實驗前「真人比非真人的行為更容易被模仿」的假設(Bandura, 1973)。即使兒童不會去學習卡通中虛構人物在虛構情境中不可能發生的暴力行為，卡通化暴力的解禁作用更不容忽視(Hapkiewicz, 1977)。電視卡通的暴力問題連滌化論者Feshbach都憂心忡忡說：「我對電視暴力影響的研究應有所限制……我允許自己的小孩看暴力電視，但絕不許他們看暴力卡通。」(Feshbach & Singer, 1977, p. XIV)。

　　國內卡通節目絕大多數購自美國和日本，同樣充斥暴力訊息。卡通一向是兒童的最愛，它所呈現的暴力訊息對兒童形成的影響值得探討。因此，本研究即以電視卡通節目為文本，從兒童理解文本所需的故事基模的角度，探討電視暴力訊息如何被解讀，以及兒童的電視素養(TV literacy)在解讀過程中所能發揮的中介效果，希望對電視暴力研究提出一個新的可嘗試的面向。

貳、文獻探討

　　兒童觀看電視時必須啟動二種基模，一是用來理解劇情內容的故事基模，一是用來理解電視敘事結構的電視基模。本節先扼要解釋故事基模和故事文法兩個概念，再探討電視基模的內涵，及其與解讀電視中暴力訊息的關聯。

一、故事基模

兒童是故事的忠實聽眾，故事聽多了，他們總會習慣於故事設計的固定性，陶醉於預測故事的發展，研究者稱這組內在的期待為「故事基模」。研究故事基模著名的學者Mandler (1984) 認為，故事基模是包含事件基模和場景基模(scene schema)。事件基模指某種特定情境下，行動發生的順序，如買車票的動作包括告知地點、付錢、拿票等，是一種時間基模；而場景則指這特定情境的人和物件的特徵及位置安排，如車站、購票處、賣票人員的制服等，是一種空間基模(spatial schema)或視覺基模(visual schema)。Mandler曾實驗，將客廳的家居生活圖，依一般經驗和非一般經驗安排構圖後，拿給二組受試者看。結果不符合一般經驗的構圖，受試者立即回憶時較能記得置於左右水平線上的圖像，至於上下垂直線上的圖像回憶較困難。一週後的延宕回憶發現，非一般經驗組會自動重組各圖像的空間關係，而且他們比較無法正確判斷物體的大小(Mandler, 1984, pp.86-93)。由此可推論，電視節目故事發生的場合、地點如果是合理的，能協助觀眾記憶。

學者探討故事基模的特性，是藉由讀者提取記得的故事內容，分析其回憶特性。目前已知故事基模具有時間序列和層級效果的特性。時間序列特性指兒童在回憶故事內容時，會依背景、開始、反應、企圖、後果、結束等節點出現的時間序列來提取。而且背景、開始、後果最常被回憶；企圖、結束和反應則容易被遺忘；這種回憶量的差異，稱為層級效果(level effect)(Paul, 1987, p.32)。

二、故事文法

提出故事基模說法的研究者，同時主張故事本身的寫作規則有一個典型結構，學者們有的稱之為故事組織(story structure)，有的稱之為故事文法(story grammar)。Mandler和Johnson將每個故事轉折的元素稱為節點(node)，一個故事情節是由六個最基本的節點組成的(Mandler, 1978, pp.16-17)：

(一)背　景(setting)

故事中第一個基本的節點是背景，通常是靜態的資訊，介紹故事發生的地點、時間以及故事中的主角。

(二)開　始(beginning)

背景介紹完後即接著故事情節，情節的第一個節點是開始，故事自此由靜態的背景描述進入事件的描述，告訴讀者發生什麼事了。常用來區別背景和開始的手法是時間的轉移，如「現在……」、「有一天早晨……」。

(三)反　應(reaction)

由角色對開始時所闡述的事件所做的反應，故事由此進入發展階段。在此部分，故事由外在事件轉移到內在事件(Stein & Glenn, 1979)，暗示因果關係的連結。因為通常產生反應的是主角，所以反應的節點成為情節中資訊的中心。典型的反應情節包含二個部分：簡單的反應描述，僅描述主角對開始事件的情緒反應和想法；另外較複雜的反應則是產生目標，主角設計一個計畫來解決開始時提到的問題。

(四)企　圖(attempt)

達成目標通徑之一是企圖，指主角努力達成或顯或晦的目標的方法，以及他所採取的一系列行動。

(五)後　果(outcome)

後果是屬於達成目標的另一通徑，陳述企圖的後果是失敗或成功，亦即主角行動後是否達成目標或解決問題。若一情節包含二人以上互動的角色，那麼反應、企圖與後果可能包含相互的反應以及各自的企圖與產生的後果。

(六)結　束(ending)

描述劇中角色對其行動的成敗所產生的感受或想法，也包括後果對劇中角色的影響，或對後果的再強調。也可以說，結束是包括許多更進一步的後果，和後果比起來，較少和企圖直接相關。更進一步說，結束是一系列事件的總結，他通常會回到情節中一個或更多先前的節點，也可能包括另一角色的反應，為下一個情節做伏筆。

Mandler和Johnson所提出的故事文法架構可用下表表示(Mandler, J. M., 1984, p.25)：

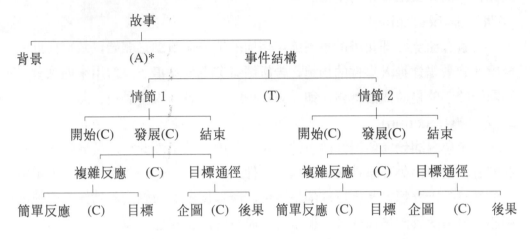

* A: and C: cause relations T: then

故事文法結構的功用在於協助閱聽人理解故事。Mandler和Johnson (1977)、Stein和Glenn (1975)的研究均發現，如果故事文法結構的順序符合聽故事者期望的順序，那麼即使是年幼兒童（六歲）也能依照一定的順序順利回憶故事內容。Thorndyke (1977) 也發現，愈符合文法規範的故事，愈能使受試者記憶正確。

三、電視基模的內涵

電視是一經過視、聽覺雙重傳遞管道的媒體，是由特殊技巧所產生一連串流動影像所構成之符碼，以其特定的形式特質架構了特定內容訊息的傳達，延伸了形式、內容與角色人物交互作用下所產生的內、外在意涵。Mabel和Ellen認為，電視看多了會教導瞭解媒介特殊符碼（引自Rice & Wartella, 1981, p.371）。兒童長期浸淫在電視世界中，應已累積不少的電視知識，內化為個人的電視素養。Luke以電視基模(TV schema)來稱呼觀眾的電視知識，但是他

認為，電視基模是觀眾對電視符號形式的知識與其生活經驗所形成，和認知過程、收看情境構成觀看電視的三大因素 (Luke, 1985)。

基模理論的觀點乃在強調人們依據過去所累積的知識、經驗來理解外來的訊息。而就電視所傳播出來的訊息而言，電視基模的主要功能，在幫助人們依其既有之認知架構來吸收消化新、舊訊息，而順利將媒介訊息解碼、理解訊息內容、推論未知的部分。Neuman認為閱聽人在觀看電視時，基模的促動包括四種過程(Neuman, 1991: 74–78)：

㈠互動的過程(an interactive process)

閱聽人主動的預測故事內容。

㈡策略的過程(a strategic process)

閱聽人會選擇性的注意內容。

㈢建構的過程(a constructive process)

觀眾會從節目中解釋意義。

㈣先備知識的應用(the application of prior knowledge)

閱聽人應用背景知識進行推論。

以基模運作過程的立場，所謂「理解」電視節目內容，可指為將相似的知識，納入先前經驗所形成的知識結構中的行動。至於電視基模的內涵究竟如何？國內學者朱則剛和吳翠珍在民國82年針對國小三、六年級兒童進行「國小兒童電視識讀能力研究」，將電視基模界定為三個面向的組織：

1. 形象塑造、勸服、敘事內涵、情境虛擬、暴力呈現等真實與虛幻面向。

2. 電視工業、刻板印象、社會再現等意識型態面向。

3. 形式層面的視覺符號、聽覺符號、結構符號。

該研究發現，國內兒童確實已有相當程度的電視知識（但該研究中並未發現，電視知識的多寡和看電視時數有顯著相關）。楊幸真以一集影集來測試兒童對電視訊息的理解和釋義，證實電視知識有助於兒童理解電視節目裡談些什麼，怎麼談（楊幸真，民82）。

上述的電視知識是兒童理解電視所需的一般性基模，是各類型節目中共

同的抽象意涵。就像同樣意思的一句話，我們會斟酌談話場合以不同的方式
表達，同樣題材的內容在不同節目類型裡，會有不同的表現手法：例如，肥
皂劇裡的英雄以拳頭取勝，兒童劇裡的英雄則以智慧取勝（此例引自Living-
stone, 1990, p.153）。因此，除一般性的電視知識外，兒童對特定類型的電視
知識，也可能影響他對電視文本的解讀。

四、電視節目的故事文法

電視知識中很重要的一部分，是瞭解電視怎樣串連片段內容，成為完整
的節目，看電視時才不會有不連貫的感覺。電視節目有其特殊的結構符號，
這結構符號就是電視串連畫面的文法。前面提到的故事文法研究皆由文字故
事中歸納而得，也多應用於印刷媒介，至於本研究所探討的故事則是出現在
電視媒體上，電視論域除了可化為文本的對話、旁白外，還靠各種技術來經
營視覺畫面，連結各場景的轉換，文字故事的故事文法對電視上的故事節目
而言，尚有應用的限制。

電視中的故事除文字外既以畫面呈現故事，結構符號亦應為其故事文法
之一部分，兒童在看電視時必須瞭解電視節目說故事的方式，才能產生適當
的理解。電視節目因為視覺的輔助，許多節點下的內容皆可用視覺畫面來替
代，因此電視論域上的故事在文本上（口語的描述）較印刷文本簡略。其次，
印刷文本在銜接各情節時，依賴文字描述來轉折；但電視可運用切(cut)、溶
(dissolve)、淡入(fade in)、淡出(fade out)、拭消(wipe)等剪接技術來代表場景
的變換，而文字層面上就會較印刷文本顯得支離。

電視主要依賴視覺連貫故事而非口白，根據心理學和美學的文獻，製片
者遵循著一組維持連貫性的組織原則。在日常生活中我們不會意識到事件的
序列，但事件序列在影片剪輯時是必須編號進行的，且須控制在觀眾的能力
內，以代表性的少數畫面使觀眾推論出正看到的事件（如這個人在爬樓梯）。
建立性鏡頭(establishing shots)和基本的剪接技巧是重要的結構符號。

建立性鏡頭主要用在每一個故事片段的開始，拉開場面讓觀眾心裡先有

數，現在是誰和誰、在什麼場合、做什麼事，隨後則可能是一連串的特寫畫面。學者的研究證實，如果故事開始時缺乏建立性鏡頭，觀眾無法將各個特寫畫面連貫一起(Karft, Cantor & Gottdiener, 1991)。

基本的剪接技巧，則用來連結前後主角不同或場景不同的二個畫面。電影理論者和心理學家認為最常被運用的剪接技巧「切」，在動畫影片中是最基本的美學和認知技巧(Geiger & Reeves, 1993)。站在認知的立場，「切」提供觀眾注意電視的線索，也在記憶中形成顯著的視覺標的，告知以下呈現的是新訊息。Geiger和Reeves認為，當電視節目進行中出現「切」時，觀眾必須做兩件事：

1. 記住新訊息中的角色和物體。
2. 確認「切」後面的新訊息，是否和前一個訊息有關(Geiger & Reeves, 1993, p.159)。

雖然學者針對「切」來討論，但事實上，上述其他的剪接技巧和「切」具有同樣的視覺和認知功能。

在電視節目的時空建構上，剪接技巧也可以用來進行平行剪輯，連貫幾個同時發生的故事片段。尤其參與故事的主要角色如果不只一人，那麼切換間即代表各角色同時發生的重要事情，或者角色們對同一事情的各自反應。熟知這些運作規則的意義，觀眾才能接收到完整的故事。

探究兒童在回憶電視上的故事內容時，所應用的故事基模能力，必須包括理解電視形式符號習慣的經驗，才能更加順利推論各情節的關係，而電視知識愈豐富的兒童，愈能理解故事內容的進行順序，因此應有更顯著的故事基模。以下繼續說明電視暴力訊息與故事基模的互動。

五、電視暴力訊息與故事基模

電視媒體對與故事基模影響的研究很少見，一項由Lehrer和Pezdek (1983)所做的研究，則檢視相同的故事分別於印刷媒介、收音機、電視媒介上呈現，是否會引起不同的基模過程(schemata process)，亦即受試在Mandler和Johnson

的故事節點回憶能力上，是否因媒介而不同。他控制收音機和電視上的故事在口語部分完全相同。這項比較性的研究發現，受試者在電視情境下，對故事整體的記憶力優於印刷及收音機的情境；然而，對企圖和反應的回憶比印刷和收音機情境弱。

Lehrer和Pezdek並沒有進一步解釋原因，也沒有說明，是否有將電視視覺畫面所傳達的訊息，納入節點下的內容。如果在文本分析上不涵蓋視覺畫面，那麼鑑於研究方法的考量，很可能將受試者對視覺畫面的描述，視為是回憶上的增加或扭曲。

電視具有其獨特的論域形式，在故事基模上也應有不同於其他媒介的特性。另一方面，電視上的暴力訊息很多是以肢體動作來傳達，沒有口語對白：槍戰、拳頭相向、功夫較量，甚至血肉橫飛的殺人鏡頭。它可能發生於角色的反應，或達成目標的企圖上，也可能關乎於目標有沒有達成。依據Mandler等人發現的層級效果，及Lehrer和Pezdek的研究，企圖和反應正是觀眾在回憶電視故事時較弱的一環，那麼這樣的暴力刺激畫面，在兒童以故事基模回憶故事時，是否會造成質與量上的改變？是否和暴力訊息息息相關的節點，會特別令兒童印象深刻而回憶較多？

此外，我們也要反過來問，兒童既有的故事基模強弱，對暴力訊息的解讀又會有怎樣的影響呢？學者研究故事基模發展對兒童注意電視的影響發現，故事基模發展較高的兒童，較注意故事內容在演些什麼，而故事基模發展較低的兒童，因無法連貫故事內容而覺得索然無味，對電視的注意力分散(Meadowrcoft & Reeves, 1985, p.1989)。然而，有關注意力的研究顯示，如果電視上出現較大或奇怪的聲音、光怪陸離的畫面，容易再拉回兒童的注意。在故事內容不具吸引力時，暴力訊息所涵蓋的聲音、影像即具有這樣的功能，而注意力是影響兒童訊息記憶量重要的變項之一，那麼故事基模較低的兒童在對暴力訊息的回憶量上，應等於或高於故事基模高的兒童；並在對故事內容的質上，比故事基模高的兒童偏向反應和企圖的節點。

最後，學者們所實驗的材料，許多是自行寫作的簡單而標準的故事，或

取材於著名的童話故事，內容非常的「健康」。但在電視上，兒童所接觸的故事皆包含一個以上的情節，因此回憶時更容易增添或扭曲故事內容。此處浮現的另一個問題是，如果電視上的故事充滿打殺的暴力情節和畫面，兒童在回憶故事情節內容時，又會產生怎樣的增添和扭曲？

由以上的文獻探討可以發現，將心理學上的故事基模的老概念，以及教育上電視素養的新探索，應用於傳播上電視暴力的舊話題，來回答新的閱聽人研究取向的問問題方式：觀眾「怎麼」看電視（暴力）訊息？看到「什麼」？是一個有趣的組合和嘗試。本研究即透過實證研究，驗證基模理論應用於暴力電視研究的可行性。

參、研究方法

一、研究設計

研究過程連續進行三週，研究對象為國小三、六年級兒童。第一週所有受試兒童皆由訪員以一對一口語對答方式，進行朱則剛與吳翠珍發展出的「兒童電視知識問卷」（朱則剛、吳翠珍，民83），並詢問兒童熟知故事文本的程度，如果兒童曾接觸故事文本，則請他講述故事內容並錄音。

根據第一週「兒童電視知識問卷」的成績，原則上依三、六年級、男、女性別分四組，挑選各組前四分之一高分和後四分之一低分者，繼續參與第二週電視故事節目解讀實驗。實驗結束後，訪員立即以一對一方式請受試兒童回憶故事內容並錄音；此外並測試兒童對故事的理解程度。一星期後（第三週）再請參與實驗的受試兒童，回憶上週接觸的故事內容並錄音，以觀察兒童若受暴力訊息影響其故事基模結構，這基模的改變是否穩定。各週進行工作、研究方法及受訪人數整理如表一。

表一　研究設計

週別	進行工作	研究方法	受訪人數
第一週 （實驗前）	故事文本先備知識測量 電視知識測量	深度訪談法 問卷調查法	120
第二週 （實驗）	故事文本回憶測量 故事文本理解測量	場地實驗法 深度訪談法 問卷調查法	60
第三週 （實驗後）	故事文本回憶測量	深度訪談法	60

　　第二週的實驗採2×3實驗設計進行資料蒐集，三年級與六年級兒童由指派而非隨機方式各分為三組，各組內男、女生各半，且大略控制高低社經地位的兒童人數。各年級三組兒童中，一組觀看高暴力內容影帶，一組觀看低暴力內容影帶，另一組為閱讀書面故事讀本並聽錄自高暴力內容聲部的錄音帶。錄音帶的播放一方面為控制該組兒童閱讀讀本的速度，二方面可和其他二組錄影帶組比較視覺變項的影響。

二、研究工具

　　測試文本為卡通「三國演義」中「趙子龍單騎救主」的故事，該集故事主線明確且較多衝突場面，便於操控暴力畫面的增減，而其旁線發展不複雜，也符合兒童的認知理解能力。故事決定後，操控故事內容的「暴力程度」，將文本剪輯或錄製為三份。各實驗組有效樣本分佈如表二。

　　國內研究者羅文坤（民65）參考多位學者對「暴力」的解釋，將暴力的定義延伸為：「行使身體力量（或）身體的延伸力量，意圖在身體上、心理上或精神上傷害別人或破壞他人物品，為攻擊形式的一種。」本研究依此為暴力的操作型定義，以節目中「同一畫面上武器直接傷及人體」、「人遭腰斬或劈裂的剪影」為高暴力畫面。「武器相接」、「殺人者與被殺者於前後畫面出現」、

「物品破壞」（如燒毀糧車）為低暴力畫面；「語言的漫罵」（如「果然來了，該死的曹操。」）亦屬低暴力內容。

表二　各實驗組有效樣本分佈

	組別	高暴力影帶組	低暴力影帶組	高暴力錄音帶組	合計
年級	三年級	6	9	10	25
	六年級	9	9	9	27
性別	男	8	9	9	26
	女	7	9	10	26
	合計	15	18	19	52

三、分析架構

　　分析架構在本研究的主要目的，是用來比較閱聽人的回憶特性，質化研究最重要而困難的工作，是如何分析經訪談法所蒐集的資料，確立分析單位及分析架構，以便輔以量化統計方法進行資料分析。Mandler以「故事陳述句」(story statement)指稱故事中一個子句(clause)或句子，而以故事節點(node)組織為分析架構(Mandler, 1984, pp.62–66)。另一方面，瑞典大眾傳播學者Hoijer以認知心理學取向研究電視知識性節目，採主題／次主題(theme/subtheme)為分析單位，並配合電視媒體視覺化的特性，以主題記憶量、偏差／補加、視覺印象、想法／反應、節目觀點、先備知識等做為閱聽人的認知結構(Hoijer, 1990, pp.30–31, 41)。

　　本研究以電視節目所呈現的故事為研究題材，分析架構即參酌故事文法分析、閱聽人電視節目認知結構發展而來。媒介文本分析方面，故事內容經過句子分析、事件分析，並以故事文法架構，分析出「趙子龍單騎救主」故

事，包含十一個情節、五十個節點、九十個事件，另有九個沒有對白的視覺
事件。至於兒童回憶分析架構，則在各情節、節點、事件的回憶「量」上，
並進一步以下列六個面向，登錄及「質」的特性。

㈠**事件記憶**

　　劇情中對話與旁白內容的記憶。

㈡**視覺印象**

　　畫面印象的描述，如場景、事件、表情、沒有對白的動作等。

㈢**正確順序**

　　兒童述說事件的順序符合故事文本發展的順序。

㈣**偏差與推論**

　　偏差指兒童的回憶中出現人物錯誤、事實錯誤或視覺上場景、表情錯誤
等。推論指兒童根據故事發展，自行添加句子、補充其他來源的相關劇情，
或依因果關聯合理化情節。

㈤**陳述立場**

　　針對事件回憶，以對白方式述說者視為當事人立場，以第三人稱述說者
視為旁觀者立場。

㈥**特定先備知識**

　　兒童實驗前（即第一週）的故事回憶中相關於實驗影帶內容者。

肆、研究發現

一、兒童看電視的故事基模特質

　　本研究發現，兒童對電視節目的記憶單位傾向節點層次，正確順序率和
旁觀立場敘述率都超過八成。亦即，兒童是將故事意義重點以自己的措辭來
記憶，並依照原故事順序來組織。電視交錯述說故事的平行剪輯，並未明顯
使兒童將同一主角或場景的故事分開記憶，依此觀察，兒童觀賞電視節目似

乎較不依賴故事基模。

節點回憶的比率上，回憶多寡的順序是後果＞開始＞反應＞結束＞企圖，顯示兒童的電視故事基模也有層級效果。進一步分析各層級內的記憶深淺度，發現兒童對開始、後果等上層節點的回憶傾向精要的主題敘述，而對反應、企圖等下層節點傾向細節敘述。必須注意的是，各節點的單位大小是平行的，此處的層級效果，並非指基模理論中愈上層記憶愈抽象的階層組織，所以電視層級效果中，出現上層節點較下層節點精要的階層式回憶，是首次的發現。

可能的原因是，電視呈現訊息的方式可藉由不同的鏡頭遠近，帶領觀眾的視線注意整體或細部的訊息，且電視節目不容觀眾反覆觀賞或跳躍觀賞的特性，更加深電視對觀眾閱讀的操縱。電視對不同節點若有不同畫面取角，很可能引導觀眾觀看角度。兒童電視故事基模的特性，會因視覺畫面的安排，呈現與文字故事基模不同的面貌。

二、電視暴力訊息與兒童故事基模的改變

本研究發現，兒童看過一次電視故事節目後能記得二成左右的內容。立即回憶時兒童的故事回憶數不因實驗處理而改變，但是高暴力錄音帶組的故事記憶隨著時間顯著下降。可見視覺畫面有助於維持兒童對節目的記憶，但增加畫面的暴力程度對節目內容記憶並無助益。

另外從兒童對含不同暴力畫面數的情節記憶面向來觀察，發現低暴力影帶組兒童的回憶優於其他二組。打鬥畫面的動感、熱鬧和鏡頭快速切換，確實使兒童記憶深刻，可是增加情節中的暴力程度，不但不會增加兒童的記憶，反而有記憶減弱現象。進一步由訪談所得的質化資料來看，兒童對高暴力的殺人畫面，無法清楚歸入所屬特定情節或節點，而是整合如「趙子龍一直殺人」或「很多人都死了，然後劉備也殺了很多人，張飛也是，所以都殺了很多人，可是曹操他們那裡也是殺了很多人。」的印象。亦即兒童記憶的減弱並非源自對高暴力畫面的遺忘，而是這些連續出現的畫面使他印象深刻，甚至出現「很多人被殺，好像殺影子一樣。」、「他們殺的兵都好像變成肉醬一樣，

打，打，打。」、「很多兵殺來殺去，都已經變成血海了。」的形容詞，無論兒童認為這些畫面很好玩或很無聊，腦海中都烙下了節目裡殺人的過程。

　　資訊超載(information overload)可能也是使高暴力影帶組兒童回憶量較少的機制。兒童在忙於整合類似的高暴力畫面時，能容納其他資訊加入工作的容量有限，致使解讀時錯失重要資訊，由回憶量的數據上來看自然是記憶量減弱。如情節七「張郃事件」除人物的不熟悉外，兒童對張郃軍和趙子龍戰鬥的記憶，即可能是影響全部情節被記憶的量少的原因之一。

　　不過隔段時間後，高暴力影帶組比低暴力影帶組和高暴力錄音帶組對情節一的記憶高出甚多。情節一是所有發展情節中最暴力的情節，也就是說如果故事一開始就非常暴力血腥，兒童觀後或許沒有立即顯現對這些暴力畫面的印象，但日後有機會想起看過的故事時，會對開始所發生的事特別深刻。電視故事基模中也存在的層次效果，說明兒童原本即對各情節的開始記憶較多，因此暴力訊息對故事開始情節的注意應是一種強化效果。至於對各節點的回憶，暴力訊息沒有顯著影響。

　　其他回憶類目上，高暴力影帶組對故事的推論高於低暴力影帶組和高暴力錄音帶組，且延宕回憶時差異更明顯。亦即，視覺呈現的暴力訊息會使兒童產生較多的聯想，來填補情節轉換間未言明的訊息斷層，而且添加的情節或字句隨著時間增多。視覺呈現的暴力訊息同樣會使兒童產生較多偏差，但影響並沒有達到顯著水準。

三、電視知識對兒童解讀暴力訊息的影響

　　研究發現，電視知識豐富、父母教育程度高、社會成績好的兒童，故事基模也較好，記得的故事較完整而詳盡，也少偏差，尤其是男生表現更優，且男生對反應和企圖記憶較多。一個合理的推斷是這些兒童對電視的結構形式已熟稔，所以能依電視的敘事方式來回憶故事，而且所記憶的故事結構較完整，不因暴力訊息而分散。

　　兒童故事回憶的特性在一個星期的時間內，並沒有多大的明顯轉變，唯

一明顯的變化是隔一段時間後，兒童對各情節開始的回憶，會做更深入詳細的描述。整體而言，時間因素短期內並不影響兒童故事基模或解讀暴力訊息。

四、基模理論應用於電視暴力研究的適切性

　　本研究不探討兒童的外顯行為，而由知識的改變推斷電視暴力對兒童的影響。由上述實證的研究發現，可知電視節目中的暴力訊息，對兒童解讀故事的知識結構，確實在某些部分有所顯著改變，而大部分的變化微弱不明顯。但知識的獲得有增添(accretion)、調整(turning)和重組(restructuring)三種模式（Rumelhart & Norman，年代不詳），廣泛而言，三種模式都可視為知識的變化。基模理論就是知識理論，基模的改變也不是一時內可被扭轉的，本研究以一次的觀賞實驗和一週的觀察時間，已明顯增添效果之端倪，可見基模理論應用於電視暴力研究有繼續觀察的可行性。

　　此外，研究中有部分兒童幾乎全以反應節點來串連故事，也有的絕大多數是描述視覺印象，有的兒童以節目中角色自行編故事，但在其他兒童回憶特性的平衡下，這相較少數的兒童回憶特性變得不重要了。然而，電視暴力如果能助長攻擊行為，那麼只要有少數人受影響，就能帶來不可預測後果的社會問題，應用基模理論於暴力電視研究，不能輕忽少數人的變化。

伍、對電視節目製作的建議

一、加強故事張力減少暴力情節

　　依兒童自陳的收視電視行為，只有二位(3.3%)兒童不曾看過打架、爭吵甚至殺人的暴力畫面，且看愈多電視的兒童看到暴力畫面的頻率愈高，可見國內電視含有暴力訊息的節目很普遍。尤其是兒童收視最高的卡通，幾乎都是情節簡略而以動作為主，兒童的認知能力正適合處理簡要的故事內容，其餘心力即轉移至動作細節；加上電視節目拍攝技巧又能將暴力訊息放大、突顯，

使兒童對所記得的反應、動作能做細部的描述。電視節目製作者應增加故事劇情性，讓電視的視覺優勢能培養兒童語文組織能力，而在提及憤怒、報仇、打擊壞人的反應時，改以智取的謀略替代雙方的肢體衝突，增進兒童透過思考解決問題的能力。

二、不得不保留的暴力情節應淡化處理

牽涉打鬥衝突的畫面，如果是交代完整故事的重要關鍵，不得不保留時，應淡化此情節的暴力程度。最基本的淡化方式是不過度渲染打殺過程，以適度的長度帶過此段；更進一步的做法，是避免把暴力情節置於故事最前面，致使兒童更加記得施暴過程。國內電視臺所購進的電影、影集中，不少影片（如表彰邪不勝正的警匪片）一開始就是槍戰、歹徒做案或殺人逃逸，依本研究的發現來預測，兒童觀看此類故事結構的影片已受到更多的暴力汙染。電視節目製作者在處理不得不保留的暴力情節時，只要穿插在故事中間略為交代即可。

三、發展電視素養材料

本研究發現，電視知識愈高的兒童對節目內容的理解和記憶愈好，且不會對暴力訊息刻意描繪，因此製作電視素養課程增進兒童電視知識，提昇對節目的理解能力和批判能力，是抵禦暴力節目影響的有效方法。電視識讀課程的教學方式採電視視聽教學為佳，英、美等國早已發展出一套完整的電視素養課程，甚至納入學校教育課程內（吳翠珍，民82）；荷蘭也實驗成功一套教兒童評估電視暴力影響的電視教學計畫(Vooijs & Van der Voort, 1993)。國內則有電視文化研究委員會，委託傳播公司製作電視素養影片；公共電視臺亦自2001年2月起，播出兒童電視素養節目。對電視上癮已是一種現代社會現象，本研究發現社會成績亦多方面影響兒童對電視節目的解讀，若將電視素養材料納入社會（或常識）科教材，經由師長引導和同儕間討論，則對預防電視暴力的不良影響成效更大。

附錄

兒童節目製作專業網站

兒童電視網(Kids' TV Net)

網址：www.ectc.com.gr/kidstvnet

這是1999年8月，由歐洲兒童電視中心（European Children's Television Centre，簡稱ECTC，總部在希臘），聯合腦波網路公司(Brainware S.A.)，為旗下三十五個會員國兒童節目製作人、傳播者架設的專業網站。網站上將世界播放的電視兒童節目依目標觀眾、語言、類型、國別、製作年代分門別類，便於檢索。除了節目文字資料，還能從網站上觀賞到一段樣帶畫面，這些畫面允許下載。

此外，網站也提供會議消息、製作動態、教育訓練機會、技術新知、市場反應、統計數據、投資案、合製計畫等資訊，協助兒童節目專業工作者增進擴展兒童視聽工業的能力，以促進電視兒童節目在激烈競爭的傳播市場，持續保持競爭力。雖然兒童電視網是針對歐洲會員提供資訊，由於歐洲兒童電視中心以聯盟為基礎策略，深懷領導世界兒童節目市場的企圖心，因此對國際動態亦在掌握之中，並歡迎歐洲以外國家的兒童節目工作者加入討論，或提供製作動態、教育訓練、合製計畫案等。

兒童電視網站可向上連結到歐洲兒童電視中心網站，該網站另有媒體識讀教育論壇，只要點選地圖上國家名稱，就可獲得該國媒體識讀教育最新相

關資訊。此外，尚有青年作品論壇，提供歐洲的青、少年發表作品、表達觀點，作品可以在網站中秀出來，或公開拍攝計畫，徵求合作夥伴。

兒童節目製作專業雜誌

兒童螢幕(KidScreen)

　　KidScreen是一本以兒童媒體為主題的專業期刊，由加拿大Brunico傳播公司發行，1986年創刊，每月定期出版。該期刊自許的定位是「一本提供以娛樂形式瞭解兒童所需相關資訊、利益的國際專業雜誌」，雜誌內容以實務和行銷為取向，包括兒童節目製作、行銷、收視研究；兒童流行的產品、音樂、電影；針對兒童的廣告與行銷等。主要的專欄有新聞監視、節目製作、銷售及播映安排、新媒體、商品及權利執照、廣告與促銷、特別報導、電視臺與公司人事動態等。

　　KidScreen對想瞭解新世代兒童對媒體和影像產品喜好的人士，提供了多角度的觀察資訊。它報導最受歡迎的兒童節目成功竅門，深度剖析兒童娛樂事業經營者的行銷策略、詳細分析新媒體的優缺點、摘要與兒童相關研討會的重要議題、觀察新趨勢而策畫專題深入報導，例如探討以女孩市場為定位的兒童節目和商品、數位化技術對兒童視聽產製工業的衝擊。

　　從事兒童教育、節目製作和媒體研究的專業人員，除了可從這本雜誌同步獲知世界兒童媒體發展趨向、節目製作消息，也可以此為基礎，作為評估本地兒童與媒體關係之參考。該雜誌網址為www.kidscreen.com，可查詢每期雜誌綱要、內容，以及世界兒童節目製作狀態、推廣活動、影展、會議等最新訊息。

兒童節目研究相關期刊、資料庫

　　兒童節目被視為教育資源的一環，無論國內外，相關研究文章多刊登於教育媒體刊物，並收錄於教育資料庫中。

教育媒體 (Journal of Educational Media，簡稱JEM)

　　原刊名為Journal of Educational Television，由英國空中大學支援編輯，Taylor & Francis出版公司發行，1975年創刊，每年出刊三期。期刊內容涵蓋應用媒體於教學、學習、訓練和教育相關領域，包含所有研究的、實務的議題。其所謂媒體除傳播媒介外，亦包括網路和其他傳播技術。

教育科技研究與發展 (Educational Technology Research and Development，簡稱ETR&D)

　　美國教育傳播與科技聯盟發行，1952年創刊，每年出刊四期。除了教育科技相關的研究、發展論文外，並有最新書摘、國際教育資訊與傳播技術介紹。該期刊接受兒童節目研究性論文，例如1990年第三十八卷第四期以「兒童自電視學習」為特別專題，整本期刊介紹美國兒童電視工作坊的研究和發展。

教學科技與媒體 (Instructional Technology & Media)

　　中國視聽教育學會編輯、出版，1992年創刊，每雙月出刊一期。期刊內

容以教學科技領域之理論、方法、應用、發展、實務分析等研究性論文為主，每期設有一專論，就教學科技相關之主題作系統性介紹，另有社論、專書介紹、人物專訪、視聽科技新境、媒體製作與應用等專欄。2001年六月起取消主題與專欄編輯方式，廣納教學科技與媒體相關文章。

視聽教育 (Audio-Visual Education Bimonthly)

國立臺灣師範大學視聽教育館編印，1959年創刊，每雙月出刊一期。期刊內容涵括：視聽教育理論；電影、電視、廣播、幻燈片、透明片等視聽媒體之理論、設計與製作；電腦及多媒體之理論與實務；視聽傳播軟體與硬體之專論；視覺傳達理論與實務；視聽工程及技術之探討；視聽傳播新知與史料；視聽媒體實作心得等。

教育資料庫(Educational Resources Information Center,簡稱ERIC)

收錄七百餘份教育學與教育資料期刊文獻、研究報告、會議紀錄等資料的索引與摘要，收錄年代自1966年迄今，每季更新資料庫。檢索兒童節目相關論文，可輸入「television program for children」、「children television」、「television literacy」等關鍵字，即能取得各文章摘要和索引。如果要進一步取得全文，先檢視文件編號，編號為「EJ」開頭，表示為期刊論文，索引中會提供期刊出處，必須自行找出期刊閱讀。編號為「ED」開頭，表示已複製為微縮影片，依據編號調出微縮片後，以特定閱讀機做紙本複印。

國際兒童影展

達拉斯兒童影展(Dallas KidFilm Festival)

　　美國德州自1983年起舉辦。鼓勵非商業性的兒童電影和電視節目參展，以教育性為主，不限語言，甚至可以不使用語言。

日期：一月

地址：USA Film Festival, 6116N. Central Expressway, Suite105, Dallas 75206, Texas, USA.

電話：+214 821 6300

傳真：+214 821 6364

網址：www.usafilmfestival.com

E-mail：info@usafilmfestival.com

紐約國際兒童影展 (New York International Children's Film Festival)

　　美國舉辦。歡迎為兒童所拍攝的教育、藝術和娛樂影片。分別由十八歲以下觀眾和十九歲以上觀眾，分組票選出最佳影片。美國各兒童頻道和製片公司每年都盛大參展。

日期：二月

地址：NYICFF, 295 Greenwich Street #426, New York, NY 10007, USA.

電話：+212 528 0500

網址：www.gkids.com

E-mail：emily@gkids.com

開羅國際兒童影展(Cairo International Film Festival for Children)

埃及自1991年起舉辦。為兒童所製作的劇情片、短片、紀錄片、錄影帶皆可參與競賽和觀摩。

日期：三月

地址：17 Kasr El Nil Street, 202 Cairo, Egypt.

電話：+202 392 3562/3962

傳真：+202 393 8979

東蘭莘市兒童影展(East Lansing Children's Film Festival)

美國密西根州於1998年起舉辦。參展影片必須已製作完成，能豐富兒童心靈並具娛樂性，沒有暴力和煽情。該影展另一特色，是舉辦由幼稚園至十二歲兒童製作的學生影片競賽。

日期：三月

地址：P.O. Box 755 East Lansing, Michigan 48826–755, USA.

電話：+517 332 6076

網址：www.elff.com/children

E-mail：elcff@aol.com

國際兒童暨青少年影展 (International Children & Youth Film Festival)

　　歐洲兒童影片聯盟(European Children Film Association)自1984年起舉辦。放映關於兒童與青少年的電影。每年於西歐各國輪流舉行，聯絡處視主辦國而更動。

日期：三月或四月

地址：ECFA, Rue des Palais 112B–1030, Bruxelles.

電話：+32 2 242 54 09

傳真：+32 2 242 74 27

E–mail：jrwieser@t0.or.at

國家兒童影展(FilmFest DC for Kids)

　　美國舉辦。分動畫與真實影片兩類，徵求全球傑出作品參與。

日期：四月

地址：Box 21396, Washington DC 20009, USA.

電話：+202 338 4493

傳真：+202 338 4493

網址：www.filmfestdc.org

E–mail：Zannel1203@aol.com

多倫多國際兒童影展(SPROCKETS Toronto International Film Festival for Children)

　　加拿大自1961年起舉辦。設有八至十二歲的兒童評審。為兒童設有工作

坊，介紹電影電視製作過程並實際操作，特別指導兒童如何編寫劇本。

日期：四月

地址：SPROCKETS Toronto International Film Festival Group, 2 Carlton Street, Suite 1600, Toronto ON, M5B 1J3, CA.

電話：+416 967 7371

傳真：+416 967 9477

網址：www.e.bell.ca/filmfest/sprockets

E-mail：sprocket@torfilmfest.ca

吉夫佛尼影展(Giffoni Film Festival)

義大利舉辦。專門放映以兒童、青少年為主的劇情片、短片。

日期：七月

地址：Claudio Gubitosi, Piazza Umberto I, 84095 Giffoni Valle Piana, Salerno, Italty.

電話：39 89 868 544

傳真：39 89 866 111

網址：www.giffoniff.it

E-mail：giffonif@giffoniff.it

蒙特維多國際兒童暨青少年影展(Montevideo International Film Festival for Children and Young People)

烏拉圭舉辦。尋求專為兒童及青少年所製作的影片，項目有劇情類、短片類、紀錄類、動畫類、錄影帶類，片長一百分鐘內，並且未曾在烏拉圭境內上映過之作品。

日期：七月

地址：Cinemateca Uruguaya, Lorenzo Carnelli 1311, 11200 Montevideo, Uruguay.

電話：+598 2 409 5795

傳真：+598 2 409 4572

網址：www.cinemateca.org.uv

E-mail：cinemuy@chasque.apc.org

聖塔芭芭拉兒童影展(Santa Barbara Kids Film Festival)

　　加拿大舉辦。展出為兒童拍攝或由兒童拍攝的作品。

日期：十月

地址：1216 State Street, #710, Santa Barbara, CA 93101-2623

電話：+805 963 0023

傳真：+805 962 2524

網址：www.sbfilmfestival.com

E-mail：info@sbfilmfestival.com

芝加哥國際兒童影展 (Chicago International Children's Film Festival)

　　美國自1983年起舉辦。項目有劇情類、短片類、紀錄類、動畫類、電視節目類、兒童自製短片或節目。參展影片必須使十三歲以下的兒童能夠欣賞、理解。影展除成人評審外，還設有兒童評審。兒童評審選自影展前專為七至十三歲兒童所設的媒體藝術營學員，該研習營藉由劇本寫作、故事發表、表演及拍攝、影片賞析等課程內容，訓練學員基本的電影電視製作和賞析能力。

此外，影展同時舉辦為期五天的兒童媒體教育工作坊。大批兒童觀眾是該影展與眾不同的特色之一，每位觀影兒童都有資格票選最佳影片。

日期：十月

地址：c/o Facets Multimedia, Inc. 1517 West Fullerton Ave., Chicago, IL, 60614, USA.

電話：+773 281 9075

傳真：+ 773 929 0266

網址：www.cicff.org

E-mail：kidsfest@facets.org

柏曼克國際兒童影展 (Burbank International Children's Film Festival)

美國加州舉辦。提供獨立製片、動畫師、編劇、年輕藝術工作者秀出才能，並和工業領袖結盟的機會。影展在媒體城中心舉行，結合論壇和市場的功能，推崇世界上具有高度娛樂價值和傑出知識傳達的兒童影片。

日期：十月

地址：201 E. Magnolia Boulevard, Suite 151, Burbank, Califorina 91501, USA.

電話：+818 841 3901

傳真：+818 841 3666

網址：burbankfilm.org

E-mail：info@burbankfilm.org

阿姆斯特丹國際兒童影展(CINEKID International Film, Television & New Media Festival for Children)

荷蘭自1987年起舉辦。參展影片、節目須以四歲至十六歲兒童、青少年為觀眾。影片為世界各國最新上映的兒童電影、紀錄片，電視節目和新媒體作品，均挑選自荷蘭國內外的傑作。參觀影展的兒童超過三萬五千人，主要獎項有兒童觀眾獎和影評人獎。阿姆斯特丹影展結束後，參展影片將在荷蘭主要城市巡迴展出。

日期：十月

地址：Cinekid, Korte Leidsedwarsstraat 12, 1017 RC Amsterdam, Netherlands.

電話：+31 020 5317890

傳真：+31 020 5317899

網址：www.cinekid.nl

E-mail：internationalmeeting@cinekid.nl

亞洲兒童影展(Asian Children's Film Festival)

亞裔人士於美國明尼亞波利市（明尼蘇達州雙子城）舉辦。每年向全亞洲徵求劇情片和動畫參展，內容限定以亞洲文化、習俗為題材，讓亞裔兒童瞭解各種族的多元特性。影展並鼓勵兒童創作，來表達他們對世界的觀點。此外，尚有為幼稚園至九歲兒童的教育者、青少年領袖舉辦的媒體教育工作坊，培訓他們如何運用影片引導兒童進行討論，認識亞洲文化、習俗，同時瞭解媒體運作過程。

日期：十月

地址：3028 Oregon Ave. S, Minneapolis, MN 55426, USA.

電話：+612 376 7715

傳真：+612 373 2751

網址：www.amamedia.org/programs

E-mail：amamedia@amamedia.org

北歐兒童影展(The Nordic Children's Film Festival)

　　北歐自1978年起舉辦，每兩年輪流在各國舉行一次。展出的影片除了北歐製作者外，尚有比利時、加拿大、波蘭、瑞士、德國、印度等國作品。項目包括劇情片、短片、紀錄片、動畫，希望藉由影展的舉辦，促使影像工作者將製作高品質兒童影片，視為他們的責任。聯絡處視主辦國而更動。

日期：十月

（地址等資料視主辦國而更動）

歐柏菲利爾斯國際兒童影展(Aubervilliers International Children's Film Festival)

　　法國自1990年起舉辦。參展影片須適合六至十三歲兒童觀賞。除最佳影片獎外，設有特殊效果獎、特別貢獻獎等。

日期：十月或十一月

地址：Aubervilliers, France

電話：+01 48 33 52 52

傳真：+01 48 34 99 34

網址：perso.wanadoo.fr/ffae

E-mail：FFAE@wanadoo.fr

奧陸國際兒童影展(Oulu International Children's Film Festival)

　　芬蘭奧陸電影中心於1981年起舉辦。參展作品須為清新的兒童影片、動

畫，長度不能超過四十五分鐘。原先以讓成人觀眾瞭解世界各國兒童的影片為主，近10年逐漸重視為兒童所創作的影片。自1992年，加入兒童評審選出最佳影片和最佳導演。

日期：十一月

地址：Oulu International Children's Film Festival, Torikatu 8, 90100,Oulu, Finland.

電話：+358 8 881 1293

傳真：+358 8 881 1290

網址：www.ouka.fi/oek

E–mail：oek@oufilmcenter.inet.fi

奧林匹亞國際兒童影展(Olympia International Film Festival for Children and Young People)

　　希臘自1997年起舉辦。參展作品分為非劇情類、短片類、動畫類、紀錄片類。希臘電影中心提供獎金，而海倫尼克廣播電視中心將購買得獎作品。

日期：十二月

地址：18, Rodos Street, GR–112 52 Athens, Greece.

電話：+30 1 856 44 70

傳真：+30 1 856 23 44

北愛爾蘭國際兒童影展(The Northern Ireland International Film Festival for Young People)

　　北愛爾蘭貝爾法斯特舉辦。以劇情片為主，首獎獲一千鎊獎金。

日期：十二月

地址： 4th Floor, 38 Dublin Road, Belfast BT2 7HN, Northern Ireland.

電話： +44 1232 31 19 00

傳真： +44 1232 31 97 09

世界兒童電視高峰會議

世界高峰會目標

　　自1995年起，每三年有一世界性兒童與電視高峰會議召開。此構想源於1993年5月，由十二個歐洲國家所召開的圓桌會議。會議中達成共識：兒童電視節目生態在改變，且多方受到威脅。兒童節目是專業的工作，它有生存的價值和客觀性，而它的生存不再是個別國家的問題。經由高峰會議的舉行，兒童與電視成為一項國際性議題，各國製作團隊互相攜帶作品前來觀摩、一起談論、創造一起工作的機會，在新的電子通訊世界，共同讓兒童節目發聲。

　　世界高峰會的目標是：

1. 促進世界對兒童節目發展的瞭解。
2. 提昇兒童節目地位。
3. 促使傳播界重視與兒童相關的議題。
4. 為兒童電視協定一指導性規章。
5. 在日新月異的傳播革命過程，保障兒童節目的製播權。
6. 協助發展中國家提供兒童節目製播機會。

成人版國際兒童電視憲章

　　第一屆世界兒童電視高峰會議，於1995年3月12日至17日，在澳洲墨爾本舉行，由澳洲兒童電視基金會(ACTF)主辦，共七十一國六三七人與會，一六

六人發表演說。各國兒童及青少年節目製作人、技術人員、研究人員、經營者、管理者和片商共聚一堂，討論議題包括：電視與兒童權利、兒童電視憲章、全球電視時代的文化工業、兒童節目製作趨勢、數位時代的兒童電視、商業世界裡的兒童電視財源、兒童電視規範、教育觀眾等。會議中擬定了一份國際兒童電視憲章，憲章內容如下：

1. 兒童應該擁有高品質節目，這些節目是特別為他們製作，其目的並非利用他們。這些節目除了娛樂之外，應該允許兒童發展身體的、心靈的和社會的最大潛能。

2. 兒童應該聽、看並表現他們自己、他們的文化、語言和生活經驗。經由電視節目，兒童可以建立自我、社區和地域感。

3. 兒童節目應該提昇兒童對自我文化的自覺，同時，欣賞其他不同文化。

4. 兒童節目應該包含廣泛的類型和內容，但是不能播出暴力和性畫面。

5. 兒童節目應該在兒童能夠收視的時間固定播出，並經由其他易於接近使用的媒介或科技傳播。

6. 必須獲得充份的基金，使節目達到最高標準。

7. 政府、製作、傳播和基金會組織，應該認知兒童節目的重要性和脆弱性，並採取步驟支持和保護它，以及提供少數語言的兒童節目。

兒童版國際兒童電視憲章

第二屆會議於1998年3月9日至13日，在英國倫敦舉行，由英國國家廣播公司(BBC)主辦，共八十二國一千六百人與會，一百八十餘人發表演說。討論議題包括：兒童節目產製、兒童節目與政治、兒童電視事業、新媒介、未來規劃等。呼應第一屆的國際兒童電視憲章，此屆會議由兒童擬定另一份兒童電視憲章，憲章內容如下：

1. 兒童對於電視和廣播的觀點應該被傾聽和尊重。

2. 兒童應該在為兒童所製作的節目中被諮詢，有時兒童可以協助製作節目。

3. 兒童應該享有音樂、運動、戲劇、紀錄片、新聞和喜劇等類型節目。

4. 兒童應該享有自己國家，以及其他國家的節目。

5. 兒童節目應該是好玩的、娛樂的、教育的、互動的，並且有益兒童身心發展。

6. 兒童節目應該真誠和真實，兒童需要知道他們周遭世界的事實情況。

7. 所有年齡的兒童都應該有為他們創作的節目，並且在他們能夠收視的時間播放。

8. 兒童電視不能出現毒品、香煙和酒。

9. 在兒童節目播放中間不插播廣告。

10. 兒童電視應該呈現對兒童的尊重，並且不能輕蔑地和他們說話。

11. 兒童節目不能以暴力來解決衝突。

12. 視聽障礙兒童也有收視節目的權利，而且節目必須翻譯成當地國家語言。

13. 兒童應該從電視上接收本國語言和文化。

14. 電視上的兒童應該平等，包括年齡、種族、能力，以及所有身體方面的展現。

15. 每一廣播組織都應該有關於兒童節目、議題和權利的電視廣告。

　　第三屆會議於2001年3月23日至26日，在希臘舉行，由歐洲電視中心(ECTC)主辦。主要討論新媒介中兒童節目生存之道，延續前兩屆的財源、規範、行銷、聯合製作等議題最新趨勢的意見交換外，這屆會議特別注意到中小型製作公司在全球市場中的角色問題，協助這些獨立製作公司思索未來定位。另一方面，這屆會議除了邀請兒童來陳述對電視的觀感外，更安排放映兒童所自製的節目，展現歐洲國家藉由實務操作進行兒童媒體教育的理念和成果。

區域性會議跟進

　　第四屆世界高峰會預定於南美洲舉行，促進電視兒童節目工作者大團結

的全球性會議運作日趨成熟。除此之外，各洲也有小型的高峰會，如1996年
起歐洲每年舉辦兒童與媒體大會(AGORA)，亞洲在1996年召開「兒童人權和
傳播高峰會」、非洲會議於1997年召開，美洲高峰會於2000年舉行。顯見兒童
電視的研究與實務進展，一方面提昇至國際間所共同重視，另一方面又逐漸
回歸至各洲，再影響至各國，落實本土性的努力。如此，電視兒童節目界自
然注入了一股互相支援的新力量。

國際兒童廣電日

　　每年十二月的第二個星期日為國際兒童廣電日 （International Children's Days of Broadcasting，簡稱ICDB）。這個節日是由聯合國兒童基金會（United Nations Children's Fund，簡稱UNICEF）於1992年發起，號召全世界廣播電視人共同參與，透過傳播媒體的力量，讓世人正視兒童權益，也讓兒童有機會透過傳播媒體發言，展現兒童所特有的生命力與創造力。

　　響應聯合國的號召，每年都有來自全球兩千多位廣播電視人，針對兒童議題製作一系列特別節目，再透過兒童基金會的整合，交由全球各地的電視臺同步播送。據統計，共有一百七十餘個國家，二千多個頻道，在國際兒童廣電日當天，規劃並播出世界優良兒童影片，以及各國精選的自製節目；甚至邀請兒童參與節目製作的討論，與媒體製作人員分享彼此觀念，而這一天播出的節目，有部份正是由兒童所製作。

　　配合國際兒童廣電日，聯合國兒童基金會在之前會舉辦為期五天的廣電訓練營，指導兒童採訪與製作節目技巧，安排他們訪問總統、各領域領導人，並協助他們完成新聞影片在兒童廣電日當天播送。各國的慶祝活動中，荷蘭以「兒童人權」為主題，徵求兒童拍攝短片投稿，兒童廣電日當天安排播出四十支兒童自製短片，最能顯示推動媒體教育的成果。

　　1999年12月12日的國際兒童廣電日，全球同步播出「小小心願」紀錄片系列，傳達各國青少年與兒童對於未來的希望、想法。臺灣方面，由導演柯一正拍攝一部紀錄片參與，透過聯合國兒童基金會將臺灣兒童的心聲，傳送

至全世界。

　　2000年起，臺灣電子化多元教育協會在教育部指導下，每年主辦臺灣區節目徵選，以民間團體身分，參與聯合國的兒童廣電日活動。2000年獲選參與的節目帶有四支：石門國中製作的「從兒童眼光看兩岸戰爭」、巴崚國小製作的「泰雅之子──原住民的心聲」、樹林國小製作的「臺灣學童的兩性平權觀」，及來自錫安山同學自製的「自學方案──石破驚天的消息」。為培養我國兒童電視識讀素養，並透過傳播權利表達觀點，關懷周遭世界，奠定學習基礎。

國內電視兒童節目獎勵

廣播電視金鐘獎

1972年起，教育部文化局每年頒獎表揚優良廣播電視節目，自1974年，改由行政院新聞局舉辦優良廣播電視節目金鐘獎，每年三月公佈評審結果並頒獎。節目方面設最佳兒童節目獎，個人技術獎方面設最佳兒童節目主持人獎，各得獎座一座。獎勵對象為無線廣播電視事業製作之常態性兒童節目，參選節目須首次連續播出二個月或八次以上。自1995年起，廣播與電視金鐘獎分年舉行，電視金鐘獎每雙年舉辦。

優良電視兒童節目獎

行政院新聞局自1983年起舉辦，每年二月公佈評審結果並頒獎。每年選出最優製作獎一名，獲得獎金二十萬元、獎座一座；優等製作獎三名，各獲得獎金五萬元、與獎座一座；最佳製播機構獎一名，獲得獎座一座。獎勵對象為無線及有線電視事業、有線電視節目播送系統、廣播電視節目供應事業、財團法人廣播電視事業發展基金會製作之常態性兒童節目，參選節目須首次連續播出滿三個月。

金鹿獎

行政院新聞局自1997年起，為獎勵優良錄影節目及廣告影片之製作與推

廣，所設立之獎項，每年四月公佈評審結果並頒獎。國內自製兒童類錄影節目帶（碟）部份，設特優獎一名，獲得獎金八萬元及獎座，優等獎一至二名，各獲得獎金五萬元及獎座。非本國自製之進口兒童類錄影節目帶（碟），設優等獎一至二名，各獲得獎金二萬元及獎座。個人部份，設有製作人、導演、企畫等獎項，兒童類與伴唱音樂類、人文社教類、文化藝術類、大眾娛樂類、科技生態類等節目共同參與評選，每獎項設特優獎一名，獲得獎金六萬元及獎座，優等獎一至二名，各獲得獎金三萬元及獎座。獎勵對象為錄影節目帶（碟）製作業、發行業。

國內電視兒童節目製作規範

電視節目製作一般原則

兒童節目主持人所拍攝之廣告片，不應在其主持之節目中播放。

兒童節目製作特定原則

1. 兒童節目皆應含有教育意義，並應注意兒童身心之健康及正常人格之發展，對於是非、善惡、成敗，均應有明顯之因果導向。
2. 兒童節目應重視啟發智慧，培養合群性、公德心、守法觀念以及鍛鍊身體、美化人生等題材，以引導正確的人生觀。
3. 兒童節目應避免社會所發生之罪惡、怪異、卑劣、驚駭及反常之揭露。
4. 凡不適於兒童觀賞之廣告或節目預告，均不得安排於兒童節目中播放。
5. 所有足以影響兒童安全之內容，均應避免。
6. 電視臺週一至週五每日十七時至十九時三十分間，均應安排半小時之兒童節目，週六或週日應安排一小時或各半小時，其時段由各電視臺協議訂定，其中並有兩檔須為自製。
7. 電視臺播放之外國卡通，以內容分：親情、倫理、知識、公德等類之比例，合計不得低於50%。
8. 卡通節目之配音，應注意其自然、和諧，避免怪異刺耳之音響。
9. 播映國外卡通，不得含有色情、暴力之內容。

10.兒童節慶，電視臺應增播兒童節目。

公共電視法第四十條

公共電視不得於任何時段，播放兒童及少年不宜觀賞之節目。週一至週五每日十七時至二十時之間，應安排兒童及少年節目至少各半小時；週末及假日應提供兒童及少年節目至少各一小時，其時段由電臺依兒童及少年之作息情況定之。

參考書目

中文部分

羅文坤（民65），電視對青少年影響之研究——不同暴力程度的電視節目對不同焦慮程度及電視暴力接觸程度的國中學生在暴力態度的差異，國立政治大學新聞研究所碩士論文。

張春興、林清江（民71），三版，教育心理學，臺北：東華書局。

王文科（民72），皮亞傑的認知發展理論在兒童教育上的應用，國立臺灣師範大學教育研究所博士論文。

張杏如主持（民76），我國兒童電視節目現況之評估及未來製作方向之研究，信誼基金會學前兒童教育研究發展中心，行政院文化建設委員會及新聞局委託研究報告。

杜聲鋒（民78），二版，皮亞傑及其思想，臺北：遠流出版公司。

吳敏而（民80），語言的發展，蘇建文編「發展心理學」第七章，臺北：心理出版社。

鄭昭明（民82），認知心理學——理論與實踐，臺北：桂冠圖書公司。

吳翠珍（民82），解「毒」電視？解讀電視！談媒體教育中的電視識讀，教學科技與媒體，第七期，頁三至十一。

楊幸真（民82），由基模理論看兒童對電視訊息接收之理解與釋義，私立淡江大學教育資料科學研究所碩士論文。

朱則剛、吳翠珍（民83），我國國小學生電視識讀能力研究，行政院國家科學委員會研究報告(NSC 81-0301-H-032-504)。

吳翠珍（民84），國內自製兒童節目內容呈現方式與學習效果研究報告，電視

文化研究委員會委託研究報告。

英文部分

Ackerman, B. P. & Jackson, M. (1991), When is a guess a guess: Children's sensitivity to inference constraint in assessing understanding of story information, *Journal of Experimental Child Psychology,* 52 (1), 117–146. (ERIC Document Reproduction Service No. EJ 433 420)

Akiyama, T. & Kodaira, S. I. (1987). Children and television: A study of new TV programs for children based on the pilot of an animated production. (ERIC Document Reproduction Service No. ED 286 480)

Bandura, A. (1973). *Aggression: A social learning analysis.* N.Y.: Holt, Rinehart & Winston.

Becker, A. D. (1987). Reader theories and educational media analysis. (ERIC Document Reproduction Service No. ED 285 526)

Buschke, H. & Schaier, A. H. (1979). Memory units, ideas, and propositions in semantic remembering. *Journal of Verbal Learning and Verbal Behavior,* 18 (5), 549–563. (ERIC Document Reproduction Service No. EJ 211 182)

Comstock, G. & Paik, H. (1994). The effects of television violence on antisocial behavior: A meta-analysis. *Communication Research,* 21 (4), 516–546.

Eaton, B. C. & Dominick, J. R. (1991). Product-related programming and children's TV: A content analysis. *Journalism Quarterly*, 68(1, 2), 67-75.

Feshbach, S. & Singer, R. D. (1977). 2nd ed. *Television and aggression: An experimental field study.* San Francisco CA: Jossey-Bass Inc., Publishers.

Flores, B. (1974). The observation and testing report on the Sesame Street program. (ERIC Document Reproduction Service No. ED 126 864)

Geiger, S. & Reeves, B. (1993). The effects of scene changes and semantic relatedness on attention to television. *Communication Research*, 20 (2), 155–

175.

Gerbner, G. (1969). The television world of violence. In D. L. Lange; R. K. Bajer & S. J. Ball (Eds.), *Mass media and violence* (Vol. XI, pp. 311–339). Washington, D.C.: U.S. Government Printing Office.

Hapkiewicz, W. G. (1977). Cartoon violence and children's aggression: A critical review. (ERIC Document Reproduction Service No. ED 147 008)

Hoijer, B. (1990). Studying viewer's reception of television programs: Theoretical and methodological considerations. *European Journal of Communication*, 5, 29–56.

Jensen, K. B. & Rosengren, K. E. (1990). Five traditions in search of the audience. *European Journal of Communication*, 5, 207–238.

Lehrer, A. & Pezdek, K. (1983). A comparison of schematic processes in memory for a television text, and radio story. (ERIC Document Reproduction Service No. ED 235 474)

Livingstone, S. M. (1990). *Making sense of television: The psychology of audience interpretation*. Oxford: Pergamon Press.

Luke, C. (1985), Television discourse processing: A schema theoretic approach. *Communication Education*, 34 (2), 91–105.

Lovelace, V. (1990). Sesame Street as a continuing experiment. *Educational Technology Research and Development*, 38 (4), 17–24.

Mandler, J. M. (1984). *Story, scripts, and scenes: Aspects of schema theory*. Hillsdale, N.J.: Lawrence Erlbaum Associates.

Mandler, J. M. & Johnson, N. S. (1977). Rememberance of things parsed: Story structure and recall. *Cognitive Psychology*, 9, 111–151.

Meadowcroft, J. M. & Reeves, B. (1985). Children's attention to television: The influence of story schema development on allocation of mental effort and memory. (ERIC Document Reproduction Service No. ED 262 639)

Meadowcroft, J. M. & Reeves, B. (1989). Influence of story schema development on children's attention to television. (ERIC Document Reproduction Service No. ED 391 954)

Mielke, K. W. (1990). Research and development at the children's television workshop. *Education Technology Research and Development.* 38 (4), 7–16.

Neuman, S. B. (1991). *Literacy in the television age.* Norwood, N.J.: Ablex.

Nezworski, T. & others (1982). Story structure versus content in children's recall. *Journal of Verbal Learning and Verbal Behavior,* 21 (2), 196–206. (ERIC Document Reproduction Service No. EJ 259 855)

Paul, M. M. (1987). The role of story schema in comprehension: A teacher's pre-spective of the research and educational implication. (ERIC Document Reproduction Service No. ED 288 178)

Pezdek, K. & Hartman, E. F. (1983). Children's television viewing: Attention and comprehension of auditory versus visual information. *Child Development,* 54 (4), 1015–1023.

Pronger, E. L. & others (1985). The effects of repeated presentations of a story on the Recall and comprehension of grade one students. (ERIC Document Reproduction Service No. ED 259 300)

Rice, M. & Wartella, E. (1981). Television as a medium of communication: Implications for how to regard the child viewer. *Journal of Broadcasting,* 25 (4), 365–372.

Rolandelli, D. R. & others (1988). Visual processing of televised information by Japanese and American children. ERIC Document Reproduction Service No. ED 291 486.

Rumelhart, D. E. & Norman, D. A. (unknown). Accretion, turning, and restructuring: Three modes of learning. In J. W. Gotton & R. Klatzky (Eds.), *Semantic factors in cognition.* Hillsdale, N.J.: Lawrence Erlbaum Associates.

Scriven, M. (1967). The methodology of evaluation. *AERA Monograph Series in Curriculum Evaluation.* 1:39–83. Chicago: Rand McNally.

Shapiro, B. N. (1975). Comprehension of television programming designed to encourage socially valued behavior in children: Formative research on "Sesame Street" programming with social and affective goals. (ERIC Document Reproduction Service No. ED 122 863)

Stein, N. L. & Glenn, C. G. (1975). An analysis of story comprehension in elementary school children: A test of a schema. (ERIC Document Reproduction Service No. ED 121 474)

Thorndyke, P. W. (1977). Cognitive structure in comprehension and memory of narrative discourse. *Cognitive Psychology, 9,* 77–110.

Tina Peel, Leona Schauble & Edward L. Palmer (1979). A checklist of seven common production mistakes. In *CTW International Research Notes: Guidelines for the design of children's TV programming, Premiere Issue,* Spring, 1979. (作者參酌國內情形，加以增刪而成「評估電視幼兒節目的七個標準」一文)

Vooijs, M. W. & Van der Voort, T. H. A. (1993). Teaching children to evaluate television violence critically: The impact of a Dutch schools television project. *Journal of Education Television,* 19 (3), 139–152.

Welch, A. J. & Watt, J. H. (1980). The influence of visual complexity on children's Attention to and learning from "Sesame Street". (ERIC Document Reproduction Service No. ED 191 034)

Welch, A. J. (1982). The impact of information channel on verbal recall among preschool aged television viewers. (ERIC Document Reproduction Service No. ED 219 829)

三民大專用書書目——新聞

三民大專用書書目——教育

書名	作者		服務機關
教育概論	張鈿富	著	政治大學問
教育哲學	賈馥茗	著	國策顧問師
教育哲學	葉學志	著	彰化大問學大
教育原理	賈馥茗	著	國策顧問大問
教育計畫	林文達	著	政治大學大
普通教學法	方炳林	著	臺灣師師大
各國教育制度	雷國鼎	著	臺灣師
清末留學教育	瞿立鶴	著	
教育心理學（增訂版）	溫世頌	著	傑克遜州立大學
教育心理學	胡秉正	著	政治大學
教育社會學	陳奎憙	著	臺灣師大
教育行政學	林文達	著	政治大學
教育經濟學	蓋浙生	著	臺灣師大
教育經濟學	林文達	著	政治大學
教育財政學	林文達	著	政治大學
工業教育學	袁立錕	著	彰化師大
技術職業教育行政與視導	張天津	著	臺北科技大學
技職教育測量與評鑑	李大偉	著	臺灣師大
高科技與技職教育	楊啟棟	著	臺灣師大
工業職業技術教育	陳昭雄	著	臺灣師大
技術職業教育教學法	陳昭雄	著	臺灣師大
技術職業教育辭典	楊朝祥	編著	前教育部部長
技術職業教育理論與實務	楊朝祥	著	前教育部部長
工業安全衛生	羅文基	著	高雄市教育局
人力發展理論與實施	彭台臨	著	臺灣師大
職業教育師資培育	周談輝	著	臺灣師大
家庭教育	張振宇	著	淡江大學
教育與人生	李建興	著	臺北大學
教育即奉獻	劉真	著	總統府資政
人文教育十二講	陳立夫等	著	國策顧問
當代教育思潮	徐南號	著	臺灣大學
心理與教育統計學	余民寧	著	政治大學
教育理念與教育問題	李錫津	著	臺北市政府

輔導原理與實務　　　　　　　　劉　焜　輝　主編　　　　文　化　大　學
教育理念的改造與重建　　　　　　李　錫　津　著　　　　臺　北市政府

三民大專用書書目——心理學

書名	著者	著作	服務機構
心理學（修訂版）	劉安彦	著	傑克遜州立大學
心理學	溫世頌	著	
心理學	張春興、楊國樞	著	臺灣師大等
怎樣研究心理學	王書林	著	淡江大學
人事心理學	黃天中	著	淡江大學
人事心理學	傅肅良	著	前中興大學
心理測驗（修訂版）	葉重新	著	臺中師院
青年心理學	劉安彦	著	傑克遜州立大學
人格心理學概要	陳英豪、賈馥茗、莊稼嬰	著	監察院、國策顧問
兒童發展心理學	默瑞·湯馬斯 著　汪欲仙	著	蒙特雷國際研究院

三民大專用書書目——美術

書名	著者	著作	服務機構
美術	林文昌	著	輔仁大學
國畫（普及本）	林仁傑	著	臺灣師大
水彩畫（普及本）	江正吉、侯清地	編著	臺灣師大
油畫（普及本）	黃進龍、馮承芝	編著	臺灣師大
版畫（普及本）	莊元薰、李延祥	編著	臺灣師大
素描（普及本）	黃進龍、楊賢傑	編著	臺灣師大
廣告學	顏伯勤	著	輔仁大學
展示設計	黃世輝、吳瑞楓	著	日本筑波大學、日本京都大學
基本造形學	林書堯	著	臺灣藝術學院
色彩認識論	林書堯	著	臺灣藝術學院
造形（一）	林銘泉	著	成功大學